방언
기도학교

기도훈련학교 시리즈 3

방언 기도학교

당신은 기도의 용사입니다!

이영훈 지음

CGW

• 프롤로그 •

"이와 같이 성령도 우리의 연약함을 도우시나니…"

_ 로마서 8:26

하나님께서는 성령님을 통해 믿는 자들에게 놀라운 선물들을 주셨습니다. 그중에서도 방언기도는 성령님이 주신 특별한 은사로, 개인의 영적 성장을 돕고 하나님과의 친밀한 교제를 이루게 합니다. 방언기도는 단순히 언어의 표현을 넘어서, 성도가 자신의 영혼 깊은 곳에서 하나님께 드리는 기도이며, 성령님이 직접 인도하시는 초자연적인 대화입니다. 사도행전 2장에서 성령님이 강림하셨을 때, 제자들은 성령의 충만함을 받아 다른 언어들로 말하기 시작했습니다. 이는 하나님께서 주시는 초자연적인 능력으로, 성도들이 하나님의 능력을 경험하며 더욱 깊은 영적 삶을 살도록 돕는 도구였습니다.

이번에 집필한 『방언기도학교Tongues Prayer School』는 기도훈련학교 시리즈의 하나의 과정입니다. 방언기도를 배우고 체험하기 원하는 모든 성도를 위해서 방언기도에 대한 성경적 배경과 신학적 의미를 깊이 이해할 수 있도록 안내하며, 실제적인 체험과 실천 방법도 담아내었습니다.

많은 성도가 방언기도에 대해 알고 싶어 하지만, 이를 직접 체험하거나 실천하는 데 어려움을 겪습니다. 또한, 방언기도에 대한 오해와 편견으로 인해 그 유익을 제대로 누리지 못하는 경우도 있습니다. 이 책은 그러한 오해를 해소하고, 성령님이 주시는 방언기도의 능력을 온전히 체험하도록 돕는 데 목적이 있습니다.

『방언기도학교』는 여러분이 방언기도를 통해 성령의 능력을 경험하고, 하나님과의 친밀한 관계를 누리며, 삶 속에서 영적 성장을 이루는 여정을 함께하고자 합니다. 이 책이 여러분의 기도 생활을 풍성하게 하고, 신앙 여정에서 새로운 차원의 축복을 경험하는 도구가 되시길 바랍니다.

여의도순복음교회 담임목사

이 영 훈

교재 활용 방법

학습 목표

① 방언기도와 성령세례침례의 관계를 이해하고, 방언기도가 신앙 생활에서 차지하는 의미를 학습합니다.
② 방언기도를 통해 성령의 기름부으심과 하나님의 능력을 체험하며, 이를 일상과 사역에 적용하는 방법을 익힙니다.
③ 방언기도의 네 가지 종류와 각각의 목적을 이해하고, 개인기도 및 공적 예배에서 효과적으로 사용하는 법을 배웁니다.
④ 방언기도를 통해 하나님의 비밀한 뜻과 계획을 깨닫고, 성령님과의 깊은 교제를 통해 영적 통찰력을 향상시킵니다.
⑤ 방언기도를 성화의 도구로 삼아 내면적 치유와 영적 성숙을 이루며, 하나님의 거룩한 성품을 닮아가는 과정을 경험합니다.
⑥ 방언기도를 통해 받은 사랑과 치유를 타인과 나누며, 영혼구원과 사랑의 사역을 실천하는 신앙인의 삶을 살아갑니다.

내용 구성

《방언기도학교》는 각 장마다 6개의 파트로 구성되어 있습니다.

1	2	3
도입 예화 및 묵상	**TPQ**방언기도지수 **체크리스트**	**성경과의 만남**

4	5	6
주제 강의	**소그룹 워크숍**	**방언기도의 선포**

활용 방법

① 도입 예화 및 묵상

도입 예화를 읽고 묵상해 보십시오. 각자 느낀 점을 자유롭게 기록해 봅시다. 그리고 묵상 질문을 통해 나에게 주신 깨달음과 감동을 나누어 봅시다.

② TPQ방언기도지수 체크 리스트

각 장마다 방언기도에 대한 5개의 체크 리스트 문항이 있습니다. 각 문항을 읽고 해당하는 곳에 체크한 후 그 점수를 합산해 봅시다.

③ 성경과의 만남

방언기도와 관련한 해당 강의 주제와 관련한 성경 공부를 하는 시간입니다. 성경 본문을 읽고 자유롭게 묵상하여 교재에서 제시하는 5가지 질문에 답을 적어 봅니다. 묵상을 통해 나에게 주시는 깨달은 내용을 함께 나누어 보십시오.

활용 방법

④ 주제 강의

방언기도와 관련한 강의 주제를 공부합니다. 방언기도와 성령세례침례, 방언기도의 의미와 능력, 방언기도와 성령의 기름부으심, 방언을 체험하는 방법, 방언의 네 가지 종류, 방언기도와 하나님의 비밀계시, 방언과 성화, 방언과 치유와 사랑에 대해 배웁니다. 더불어 각 단원에서 제시된 성경구절을 찾아보고, 함께 묵상하며 연구하면 도움이 됩니다. 또한 각 단원마다 제시된 적용 질문에 대한 생각도 함께 나누어 봅시다.

⑤ 소그룹 워크숍

방언기도에 대하여 해당 주제 강의에서 배운 내용을 소그룹에서 나누는 시간입니다. 강의를 통해 새롭게 알게 된 내용과 느낀 점을 구성원들과 함께 나누어 봅니다. 오늘의 과제를 성실히 수행하고 다음 시간에 점검하며, 함께 기도의 시간을 갖습니다.

활용 방법

⑥ 방언기도의 선포

방언기도와 연관된 말씀을 매주 암송하십시오. 각 단원에서 배운 내용과 함께 자신이 깨달은 것을 간결하게 정리합니다. 그리고 배운 말씀과 깨달음을 통해 한 주간 어떻게 믿음으로 살아야 할지 개인적인 다짐을 기록합니다. 마지막으로 방언기도 선포문을 구성원들과 함께 외칩니다.

이 교재에 따라 기도하며 실천하는 모든 분은 방언기도를 통해 하나님의 사랑과 임재를 깊이 경험하는 '기도의 사람'으로 변화되어 갈 것입니다. 방언은 성령님이 주시는 놀라운 선물이며, 하나님과의 깊은 교제를 여는 열쇠입니다. 이제 《방언기도학교》 입학 서약서를 작성하고, 방언기도의 배움과 체험의 여정learning journey을 함께 시작해봅시다.

입학 서약서

나는 《방언기도학교》 훈련생으로서
하나님 앞에서 다음과 같이 서약하기 원합니다.

1. 나는 방언기도의 은혜를 사모하며, 부정적인 감정과 생각을 내려놓고 절대긍정의 하나님께 마음을 활짝 열겠습니다.

2. 나는 모든 강의와 실습에 적극적으로 참여하며, 방언기도를 통해 성령의 인도하심에 민감하게 반응하겠습니다.

3. 나는 방언기도지수TPQ 체크 리스트를 정직하게 작성하고, 나의 영적 상태를 진실하게 점검하겠습니다.

4. 나는 이 교재에 나타난 성경 말씀을 묵상하며, 방언기도의 본질과 목적을 삶 속에 적용하겠습니다.

5. 나는 주어진 과제와 말씀 암송을 성실히 수행하고, 매일 정해진 시간에 방언기도를 실천하겠습니다.

6. 나는 함께 훈련하는 동역자들과 믿음으로 교제하며, 하나님의 사랑을 나누는 공동체를 세워가겠습니다.

7. 나는 《방언기도학교》를 통해 성령의 능력 안에서 살아가는 '기도의 용사'로 자라나, 날마다 하나님 나라를 위해 헌신하겠습니다.

년　　월　　일

이름 :　　　　　　　(인)

Contents

Tongues Pr

01

방언기도와 성령세례침례

ayer School

01 방언기도와 성령세례침례

아그네스 오즈만Agnes Ozman은 1900년 가을, 미국 캔자스주 토페카에 위치한 벧엘성경학교에 입학하며 하나님의 임재를 간절히 구했습니다. 성령충만을 사모했던 그녀는 빌립보서 4장 19절의 말씀을 붙들고, 자신의 모든 필요를 하나님께 맡기며 기도와 헌신의 삶을 이어갔습니다.

1901년 1월 1일 밤, 철야 기도회 중 그녀는 찰스 파함Charles Fox Parham 목사에게 성령의 선물을 위해 안수를 요청해야겠다는 감동을 받았습니다. 파함 목사가 그녀에게 안수했을 때, 아그네스는 성령세례침례를 경험하며 방언을 말하기 시작했습니다. 여러 언어로 기도하며 그녀는 하나님의 깊은 임재와 놀라운 영광을 체험했다고 간증했습니다.

다음 날, 그녀는 자신이 체험한 방언에 대해 묻는 사람들에게 사도행전 2장 4절과 19장 1절에서 6절 말씀을 인용하며, 성령세례침례를 받은 것임을 확신 있게 설명했습니다. 아그네스는 벧엘성경학교에서 방언을 말한 첫 번째 인물이었고, 방언을 성령 임재의 확실한 증거로 믿었습니다. 이후 열린 전도 집회에서도 그녀는 방언으로 기도했고, 그녀의 방언을 이해하는 이들의 증언을 통해 실제 존재하는 언어였음이 확인되기도 했습니다. 이 사건은 당시 벧엘성경학교 학생들에게 성령의 강력한 임재를 갈망하는 계기가 되었으며, 방언의 은사를 체험하는 출발점이 되었습니다.

묵상 내가 방언기도와 성령세례침례를 어떻게 이해하고 있는지 점검해 보고, 이를 통해 경험한 하나님의 능력과 신앙의 변화를 함께 나누어 봅시다.

방언기도지수
체크 리스트

Tongues Prayer Quotient Check List

당신의 방언기도지수TPQ는?

아래의 문항을 읽고 나에게 해당하는 것을 체크해 보세요. ☑

① 방언이 성령세례침례의 외적 증거임을 알고 있다.

② 방언기도를 통해 성령충만함을 경험한 적이 있다.

③ 방언기도를 시작할 때 성령의 인도하심을 확신한다.

④ 성령세례침례 후 방언기도를 통해 영적 변화가 일어났다.

⑤ 방언기도를 통해 영적 담대함과 용기를 얻은 적이 있다.

나에게 해당하는 문항은 몇 개인가요? ______ 개

체크하지 못한 문항의 내용을 다시 점검하고,
앞으로 이를 적용할 수 있는 방법을 생각해 봅시다.

성경과의 만남

사도행전 2장 1절에서 4절까지 읽어보십시오.

1 오순절 날이 이미 이르매 그들이 다같이 한 곳에 모였더니 2 홀연히 하늘로부터 급하고
강한 바람 같은 소리가 있어 그들이 앉은 온 집에 가득하며 3 마치 불의 혀처럼 갈라지는
것들이 그들에게 보여 각 사람 위에 하나씩 임하여 있더니 4 그들이 다 성령의 충만함을
받고 성령이 말하게 하심을 따라 다른 언어들로 말하기를 시작하니라

1. 오순절 날이란 무엇이며, 유대인들에게 어떤 의미가 있습니까? 1절

2. 성령세례침례를 어떻게 상징적으로 묘사하고 있습니까? 2절

3. 성령세례침례가 시각적으로 어떻게 나타나고 있으며 누구에게 임하였습니까? 3절

4. 성령의 충만함을 받은 후 결과로 나타난 현상은 무엇일까요? 4절

5. 방언기도와 성령세례침례의 관계는 무엇일까요? 4절

방언기도와 성령세례침례

고린도전서 12장 1절에서 바울은 "형제들아 신령한 것에 대하여 나는 너희가 알지 못하기를 원하지 아니하노니"라고 말씀하며, 성도들이 반드시 알아야 할 중요한 주제로 성령의 은사를 언급합니다. 그중에서도 방언기도는 성경에서 특별히 강조되며, 그 목적과 중요성이 분명히 드러납니다. 성경은 방언기도를 '성령이 말하게 하심을 따라 말하는 것'행 2:4이라 정의하며, 이는 하나님의 능력 안에서 이루어지는 특별한 은사입니다.

방언기도는 하나님과의 깊은 소통을 가능케 하는 도구이자, 성령세례침례의 외적 증거로 나타나 많은 성도의 신앙생활에 강력한 영향을 미칩니다. 이를 통해 성도는 하나님과 더욱 깊은 교제를 나누고, 성령의 충만함을 경험하며, 개인과 공동체의 믿음이 자라날 수 있습니다.

따라서 방언기도와 성령세례침례의 관계를 바르게 이해하고, 이를 삶에 적극적으로 적용하는 것은 하나님의 계획 안에서 놀라운 열매를 맺는 데 매우 중요합니다.

1. 방언기도와 성령세례침례의 성경적 증거

1) 오순절 성령 강림 사건에서 나타난 방언의 표적 행 2:4

오순절 성령 강림 사건은 방언기도와 성령세례침례의 본질을 이해하는 데 있어 매우 중요한 성경적 사건입니다. 사도행전 2장은 성령님이 처음으로 강림하신 날, 제자들이 성령충만을 받고 각 나라의 언어로 방언을 말하기 시작한 모습을 기록하고 있습니다. "그들이 다 성령의 충만함을 받고 성령이 말하게 하심을 따라 다른 언어들로 말하기를 시작하니라"행 2:4. 이 사건은 성령세례침례가 외적으로 나타나는 표적 중 하나로 방언을 통해 확인될 수 있음을 보여줍니다. 당시 방언은 단순한 감정적 표현이 아니라, 여러 민족이 자신의 언어로 하나님의 큰 일을 듣게 되는 언어적 기적이었습니다. 이 사건은 성령의 임재와 능력이 특정 민족이나 지역에 한정되지 않고 모든 족속과 언어로 확장될 것임을 상징적으로 보여줍니다.

사도행전 2장 6절에서 11절에서는 방언이 단순한 개인 체험이 아니라 하나님의 구속 계획과 전도적 사명을 위한 강력한 도구임을 보여줍니다. 방언기도는 하나님과의 깊은 소통의 통로로 작용하며, 이는 모든 성도가 사모해야 할 은사임을 강조합니다.

2) 이방인 고넬료와 그 집에 임한 성령의 표적 행 10:46

사도행전 10장에서 베드로가 고넬료의 집에서 말씀을 전할 때, "성령이 말씀 듣는 모든 사람에게 내려오시니 … 이는 방언을 말하며 하나님 높임을 들음이러라"행 10:44-46는 사건이 기록되어 있습니다. 고넬료와 그의 가족들이 성령을 받으며 방언을 말하기 시작한 이 사건은 하나님이 유대인뿐 아니라 이방인들에게도 동일하게 성령을 부어주셨음을 증명합니다. 이는 성령세례침례와 방언이 특정 민족이나 계층에 제한되지 않고, 모든 성도에게 동일하게 주어지는 은혜임을 보여줍니다. 고넬료의 집은 방언을 통해 성령의 임재와 세례침례를 체험하였고, 베드로는 이를 통해 하나님이 모든 사람에게 복음을 허락하셨음을 확신하게 되었습니다행 10:47-48.

3) 에베소의 제자들에게 임한 성령의 표적 행 19:6

바울은 에베소의 제자들을 만나 "너희가 믿을 때에 성령을 받았느냐"행

19:2라고 질문했습니다. 제자들이 성령세례침례를 체험하지 못했다고 답하자, 바울은 그들에게 안수하여 성령을 받게 했습니다. 그 결과 그들이 방언을 말하며 예언하기 시작했습니다행 19:6. 이 사건은 성령의 세례침례가 단순한 물세례침례나 회개 선언을 넘어, 하나님의 영이 실제로 사람 안에 임재하며 그 능력이 나타나는 표적임을 보여줍니다. 이러한 사례들은 방언이 성령세례침례와 성령충만의 명확한 증거로 초기 교회에서 자리 잡았음을 증명합니다.

Q 방언이 성령의 임재하심을 나타내는 명확한 표적으로 성경에서 반복해서 등장하는 이유는 무엇입니까? (cf. 행 2:4, 10:46, 19:6)

2. 방언기도와 성령세례침례의 교회사적 증거

1) 미국 토페카시와 아주사 거리의 성령 역사

1901년 1월, 미국 캔자스주 토페카에 위치한 벧엘성서신학교에서 찰스 파함 목사가 학생들과 함께 성령세례침례를 간구하며 기도회를 열었습니다. 그 결과 학생 중 하나인 아그네스 오즈만이 방언을 말하기 시작했습니다. 이는 방언기도가 사도행전 시대의 사건에만 국한되지 않고 현대에도 동일하게 나타날 수 있음을 증명하는 강력한 사례입니다. 이후 1906년 캘리포니아주 로스앤젤레스 아주사 거리에서 시작된 부흥 운동은 방언과 성령세례침례의 세계적 확산을 촉진했습니다. 윌리엄 J. 시모어William J. Seymour

목사가 이끌었던 집회에서는 방언, 치유, 삶의 변화가 나타나며 수많은 사람이 성령을 체험했습니다. 이 사건은 현대 오순절 운동의 출발점이 되었고, 방언이 성령세례침례의 증거로 자리 잡게 되는 계기가 되었습니다.

2) 카톨릭 교회에서의 성령세례침례와 방언기도

1960년대 이후 카톨릭 교회에서도 성령세례침례와 방언기도가 회복되기 시작했습니다. 1967년, 듀케인 대학교의 기도 모임에서 참가자들이 성령세례침례를 체험하며 방언을 말하기 시작했고, 이후 은사쇄신운동 Charismatic Renewal Movement으로 확산되었습니다. 이 운동은 방언, 치유, 예언 등 성령의 은사를 강조하며, 성도들에게 성령의 능력을 체험하게 했습니다. 이는 방언기도가 하나님과의 친밀한 교제를 가능하게 하고, 성도들에게 영적 성장과 회복을 가져다주는 강력한 도구로 사용되었음을 보여줍니다.

Q 교회사에서 나타난 방언과 성령세례침례가 교회와 신앙 공동체에 끼친 영향을 생각해 보고 방언과 성령세례침례의 필요성에 대해 생각해 봅시다.

3. 방언과 성령충만의 확신

1) 오순절 성령 체험으로 인한 확신과 담대함

성령충만은 믿는 자들에게 확신과 담대함을 줍니다. 사도행전 2장에서 오순절 성령 체험 사건은 성령세례침례의 강력한 역사를 보여줍니다. 성령충만을 받은 제자들은 이전의 두려움을 극복하고 담대히 복음을 전하기 시작했습니다. 베드로는 성령충만을 받은 이후, 두려움을 극복하고 많은 사람들 앞에서 담대하게 예수 그리스도의 죽음과 부활을 증거하였습니다. 그의 말씀을 통해 수천 명이 회개하고 주님께 돌아오는 놀라운 역사가 일어났습니다행 2:14-41.

2) 성령충만의 표적이 보고 듣는 것으로 나타남 행 2:33

사도행전 2장 33절에서 베드로는 "하나님이 오른손으로 예수를 높이시매 그가 약속하신 성령을 아버지께 받아서 너희가 보고 듣는 이것을 부어 주셨느니라"고 말합니다. 방언을 포함한 성령의 초자연적 역사는 하나님의 능력과 임재를 나타내는 명확한 증거였습니다. 이는 성령충만이 단순한 내적 변화에 그치지 않고 외적으로도 강력히 나타난다는 점을 강조합니다.

3) 믿는 자들에게 따르는 표적 막 16:17

마가복음 16장 17절에서 예수님은 "믿는 자들에게는 이런 표적이 따르리니 곧 그들이 내 이름으로 귀신을 쫓아내며 새 방언을 말하며"라고 말씀하셨습니다. 방언은 성령의 능력이 성도의 삶 속에서 구체적으로 나타나는 표적입니다. 이는 성령님이 역사하신다는 증거이며, 믿는 자들에게 따르는 하나님의 약속입니다.

4) 방언은 성령의 임재와 충만의 확증

방언은 성령충만의 확증으로 중요한 역할을 합니다. 사도행전 10장에서 고넬료의 집, 사도행전 19장에서 에베소 제자들이 방언을 통해 성령의 임재를 체험했습니다. 이를 통해 성도들은 하나님의 뜻을 깊이 깨닫고 영적 교제를 경험하며 신앙생활에서 풍성한 능력을 체험할 수 있습니다. 방언은 성령충만의 확실한 표적이자 성도들에게 주시는 특별한 은혜임을 알 수 있습니다.

Q 방언기도가 성령충만의 결과로 나타나는 영적 은사로서 어떤 유익을 제공하며, 신앙생활에서 그 중요성은 무엇입니까?
(cf. 행 2:14-41; 막 16:17)

TONGUES
PRAYER SCHOOL

적용을 위한 다짐과 실천

① 한 주간 동안 방언기도 중에 나에게 베푸신 하나님의 은혜에 대하여 나누어 봅시다.

② 지금까지 '방언기도와 성령세례침례'에 대해 공부했습니다. 오늘 공부에서 느끼고 깨달은 바를 함께 나누어 봅시다 sharing time.

③ 성령세례침례를 받은 후 내 삶에 나타난 변화에 대해 함께 나누어 봅시다.

④ 방언기도를 통해 하나님과의 교제를 더 깊게 하기 위한 실질적인 방법을 나누어 봅니다.

⑤ 매일 정해진 시간에 방언기도를 통해 성령님이 주시는 감동과 깨달음을 기록해 봅시다.

오늘의 과제 내가 이해한 방언기도와 성령세례침례의 관계에 대해서 적어보고, 방언기도가 신앙생활에 미친 영향을 글로 적어 봅시다.

암송 구절

"그들이 다 성령의 충만함을 받고
성령이 말하게 하심을 따라 다른 언어들로 말하기를 시작하니라"

사도행전 2:4

"All of them were filled with the Holy Spirit
and began to speak in other tongues as the Spirit enabled them."

Acts 2:2-4

방언기도 선포문

나는 방언기도를 통해 성령으로 충만하여,
매일 하나님의 뜻을 깨닫겠습니다!

묵상 명언

성령 안에서 방언기도는
우리가 하나님의 뜻을 깨닫고 순종할 수 있도록 인도하시는
놀라운 은혜의 선물이다.

앤드류 머레이 Andrew Murray

Tongues Pr

02

방언기도의 의미와 능력

ayer School

02 방언기도의 의미와 능력

빌리 그레이엄Billy Graham은 20세기 가장 영향력 있는 복음 전도자입니다. 그러나 그의 사역 초기에는 신앙적 갈등과 도전이 있었습니다. 이 과정에서 방언기도는 그의 신앙과 사역에 결정적인 영향을 미쳤습니다. 그는 신앙의 근본에 대해 고민하며 하나님께 간절히 기도했습니다. 어느 날 밤, 성경을 들고 산속으로 들어가 자신의 두려움과 의심을 하나님께 고백하며 간구했습니다. "하나님, 저는 이 성경을 진리로 믿고 싶습니다. 그러나 제 안에는 여전히 의문이 있습니다. 제가 당신께 다가갈 수 있도록 도와주십시오"라고 외쳤습니다.

그 기도 중 빌리 그레이엄은 강력한 성령의 임재를 체험하며, 자신이 이해할 수 없는 언어로 기도하고 있음을 깨달았습니다. 처음에는 당황했지만, 곧 깊은 기쁨과 평안을 경험했습니다. 이후 그는 "그날 밤, 하나님은 제게 성령의 권능을 주셨습니다. 제가 이해할 수 없는 언어로 기도하는 동안, 하나님께서 얼마나 가까이 계신지를 느꼈습니다"라고 고백하며, 방언기도가 그의 신앙과 사역에 미친 영향을 증언했습니다. 이후 그의 설교는 성령의 능력으로 가득 찼고, 수많은 사람이 그의 메시지를 통해 복음을 받아들였습니다. 방언기도는 그와 하나님과의 친밀한 교제를 가능하게 했으며, 사역의 담대함과 열정을 더했습니다. 이처럼 방언기도는 신앙의 깊이를 더해 주며, 하나님의 뜻을 깨닫는 데 도움을 줍니다.

묵상 내가 깨달은 방언기도의 능력에 대해 각자의 삶과 경험을 토대로 나누어 봅시다.

방언기도지수
체크 리스트

Tongues Prayer Quotient Check List

당신의 방언기도지수TPQ는?

아래의 문항을 읽고 나에게 해당하는 것을 체크해 보세요. ☑

① 방언기도의 의미와 능력을 분명히 알고 있다. ☐

② 방언기도가 하나님과의 깊은 소통의 수단임을 확신한다. ☐

③ 방언기도를 통해 하나님의 능력을 체험한 경험이 있다. ☐

④ 방언기도가 자신의 신앙의 덕을 세우며 영적 성장을 돕는다는 사실을 믿는다. ☐

⑤ 방언기도가 사탄의 공격을 물리치는 영적 무기임을 알고 있다. ☐

나에게 해당하는 문항은 몇 개인가요? ______ 개

체크하지 못한 문항의 내용을 다시 점검하고,
앞으로 이를 적용할 수 있는 방법을 생각해 봅시다.

성경과의 만남

고린도전서 14장 2절에서 4절까지 읽어보십시오.

2 방언을 말하는 자는 사람에게 하지 아니하고 하나님께 하나니 이는 알아 듣는 자가 없
고 영으로 비밀을 말함이라 3 그러나 예언하는 자는 사람에게 말하여 덕을 세우며 권면
하며 위로하는 것이요 4 방언을 말하는 자는 자기의 덕을 세우고 예언하는 자는 교회의
덕을 세우나니

1. 방언기도의 의미는 무엇입니까? 2절

2. "영으로 비밀을 말함이라"는 표현은 방언기도가 어떤 역할은 한다는 것일까요? 2절

3. 방언과 예언은 각각 어떤 유익을 제공하고 있습니까? 3-4절

4. "자기의 덕을 세우다"는 의미는 무엇입니까? 4절

5. 방언기도가 공동체보다 개인에게 적합한 이유는 무엇입니까? 4절

방언기도의 의미와 능력

방언은 헬라어로 '글로사γλῶσσα'이며, 이는 문자적으로 '혀' 또는 '언어'를 의미합니다. 이는 단순히 사람의 언어를 초월하여, 성령의 능력으로 하나님과 비밀스러운 소통을 가능하게 하는 영적 언어입니다. 그러므로 방언기도는 성령의 은사로 주어진 성령의 인도하심에 따라 이루어지는 특별한 기도로 성도들이 하나님과의 깊은 교제를 나누게 합니다고전 14:2.

또한 방언기도는 성도들에게 성령의 도우심 속에서 성령의 충전과 권능행 1:8을 받게 하며, 믿음의 집을 굳건히 세우게 하고유 1:20-21, 마귀의 공격을 물리치는 영적 능력을 제공합니다막 16:17. 방언기도는 단순히 개인적인 체험에 그치지 않고 하나님의 뜻을 구하고 교회를 세우는 중요한 기도의 수단으로서 오늘날 신앙생활에 있어서도 중요한 역할을 합니다.

1. 방언기도의 의미

1) 성령의 기도의 언어

방언기도는 보혜사 성령의 기도입니다. 성령은 성도들이 기도하는 것을 도우며롬 8:26-27, 방언으로 기도할 때 성령의 충전이 이루어지며행 1:8, 성령의 도우심으로 성도들은 모든 연약함과 한계를 극복할 수 있는 성령의 권능을 경험하게 됩니다고전 2:1-5. 이처럼 방언기도는 성도들이 하나님의 뜻을 구하는 과정에서 성령의 인도하심을 받는 중요한 기도의 언어입니다. 성령님이 임하시고 역사하셔야만 성도들은 진정한 기도의 능력과 권능을 경험할 수 있습니다. 방언은 성령의 충전을 통해 성도들이 영적으로 강건해지게 하고, 하나님의 뜻을 이루어가는 능력을 받도록 돕는 기도의 언어입니다.

2) 하늘과의 접속의 언어

방언기도는 단순히 인간적인 언어가 아니라, 하나님과의 깊은 접속을 이루는 언어입니다. 방언기도를 통해 성도들은 하나님의 임재와 영광에 접속할 수 있게 되며, 하나님과의 친밀한 교제를 경험하게 합니다. 방언기도는 하나님의 능력과 영광을 입도록 은혜의 선물로 주어진 기도의 언어입니다. 고린도전서 14장 2절에서 "방언을 말하는 자는 사람에게 하지 아니하고 하나님께 하나니 이는 알아 듣는 자가 없고 영으로 비밀을 말함이라"고 언급되며 방언기도가 하나님과 깊은 교제를 위한 하늘과 접속하는 언어임을 강조합니다. 방언기도는 하나님의 뜻을 구하며, 그 뜻을 이루어 가는 과정에서 하나님과 연결되도록 돕는 중요한 언어이고, 그분의 능력을 경험하게 하는 기도의 언어입니다.

3) 은사적인 기도의 언어

방언기도는 성령의 은사로 주어진 기도의 언어로, 성도들이 하나님과의 교제를 깊게 하고, 기도의 권능을 받기 위한 특별한 언어입니다. 고린도전서 13장 8절에 따르면 방언은 이 세상에서는 유효하지만, 예수님의 재림이나 성도가 이 땅을 떠날 때에는 더 이상 필요하지 않게 될 것입니다. 그럼에도 불구하고 방언기도는 성령님이 성도들에게 선물로 주신 은사로, 이 땅에서 하나님과의 교제를 깊이 나누게 하고, 영적 성장을 이루도록 돕는 기도의 언어입니다. 따라서 방언기도를 통해 성도들은 이 땅에 있는 동안 하나님의 권능을 체험하고, 은혜를 더욱 풍성히 누릴 수 있습니다.

Q 내가 기도할 때 방언으로 기도해야 하는 이유(고전 2:4-5)가 무엇인지 묵상해 봅시다.

2. 방언기도의 능력

1) 하나님과의 깊은 교통을 하게 함

방언기도는 하나님과의 깊은 교통을 위한 비밀의 언어로, 마귀는 이를 알아듣지 못합니다. 고린도전서 14장 2절에 보면 방언이 사람들과의 소통이 아니라 하나님과의 직접적인 교제를 이루는 언어임을 설명하고 있습니다. 방언기도는 하나님과 성도 사이의 언어로, 하나님께서는 성도의 기도를 온전히 들으시고 성도의 영적 필요를 채워주십니다. 방언기도는 마귀가 이해할 수 없으므로, 방언기도를 통해 성도는 영적인 보호를 받으며, 하나님과의 친밀한 교제를 지속할 수 있습니다. 이처럼 방언기도는 성도가 하나님과의 깊은 사랑의 교제를 나누며, 그분의 뜻을 구하고 성령의 인도하심을 받게 하는 능력이 있습니다.

2) 자기 신앙의 덕집을 세우게 함

방언기도는 성도의 신앙을 세우는 중요한 기도의 언어로, 자신의 신앙을 영적으로 강화시키는 데 중요한 역할을 합니다. 고린도전서 14장 4절에서는 "방언으로 말하는 자는 자기의 덕을 세우고"라고 말씀합니다. 여기서 '덕'이라는 단어는 헬라어로 '오이코도메οἰκοδομή'이며, '오이코스οἶκος,

집'와 '도메오δομέω, 세운다'의 합성어로, 성도가 믿음의 집을 세운다는 의미입니다. 즉, 방언기도는 성도가 흔들리지 않는 믿음의 기초를 다지게 하며, 성령의 기도와 사랑을 통해 신앙이 더욱 굳건해지게 하고, 믿음의 집을 세울 수 있도록 하는 능력이 있습니다유 1:20-21.

3) 영적 덮개와 보호막을 씌워주며 마귀를 쫓아내게 함

방언기도는 성도에게 영적 덮개와 보호막을 제공하고, 마귀를 쫓아내는 능력을 가진 기도의 언어입니다. 예수님의 피와 기름부음은 성도를 보호하는데, 성령님은 그리스도의 보호를 전달하는 매개체 역할을 합니다. 방언기도를 통해 성도는 악한 영들로부터 보호받을 수 있으며, 마귀의 공격을 물리칠 수 있습니다. 예를 들어, 마음이 우울하고 슬플 때 방언으로 기도하면 마귀의 영향을 차단할 수 있습니다. 마가복음 16장 17절에서는 방언으로 기도하면 귀신을 쫓아낸다고 기록되어 있습니다. 이처럼 방언기도는 성도가 영적 전투에서 승리하고 하나님의 보호하심을 체험하게 하는 능력이 있습니다.

Q 우리가 방언으로 기도 할 때 나타나는 능력은 무엇인가요?
(cf. 고전 14:2, 4; 마 16:17)

3. 방언기도의 유익

1) 영적 성장과 성숙

방언기도는 성도들에게 영적 성장과 성숙을 가져다줍니다. 로마서 8장 26절에 보면 "이와 같이 성령도 우리의 연약함을 도우시나니 우리는 마땅히 기도할 바를 알지 못하나 오직 성령이 말할 수 없는 탄식으로 우리를 위하여 친히 간구하시느니라"고 말씀합니다. 성도는 방언을 통해 성령의 도우심을 받으며, 하나님과 더욱 깊이 교제를 나누게 됩니다. 방언은 성도가 성령의 인도하심을 따라 더 깊은 기도와 신앙생활을 할 수 있게 도와줍니다. 방언기도는 성도가 하나님의 뜻을 구하고, 성령의 영적 충전을 통해 자신의 믿음을 더욱 강건하게 하는 중요한 유익을 제공합니다.

2) 하나님의 뜻을 구하는 능력

방언기도는 성도가 하나님의 뜻을 구하는 데 중요한 역할을 합니다. 성도는 자신의 지식이나 이성으로는 이해할 수 없는 상황에서도 방언을 통해 성령의 인도하심을 받으며, 하나님의 뜻을 구하고 성취할 수 있습니다. 방언기도는 성도가 하나님과의 교제 속에서 하나님의 뜻을 정확하게 알고, 그에 따라 행동할 수 있도록 돕습니다. 로마서 8장 27절에서는 "마음을 살피시는 이가 성령의 생각을 아시나니 이는 성령이 하나님의 뜻대로 성도를 위하여 간구하심이니라"고 말씀합니다. 성령님은 성도가 기도할 때 그의 마음을 아시고, 그 기도를 대신하여 하나님의 뜻을 이루어가십니다.

3) 교회의 덕을 세우는 기도의 언어

방언기도는 교회 공동체에 유익을 줄 수 있습니다. 고린도전서 12장 7절에 보면 "각 사람에게 성령을 나타내심은 유익하게 하려 하심이라"고 말씀합니다. 성도들이 방언을 통해 서로 기도하고, 그 기도를 통해 교회가 더욱 강건하게 세워집니다. 그러나 방언은 교회에서 사용할 때 해석이 필요하며, 방언의 해석을 통해 다른 성도들이 그 기도를 이해하고, 하나님의 뜻을 알게 됩니다. 방언기도는 교회 안에서 성도들이 성령의 인도하심을 따라 하나님의 뜻을 구하고, 교회가 영적으로 성장하도록 돕는 중요한 역할을 합니다.

Q 방언기도를 통해 나의 영적 성장에 어떤 변화가 나타났는지 구체적으로 적어 봅시다.

TONGUES
PRAYER SCHOOL

적용을 위한 다짐과 실천

① 지난 한 주간 동안 방언기도 중에 나에게 베푸신 하나님의 은혜에 대하여 나누어 봅시다.

② 지금까지 '방언기도의 의미와 능력'에 대해 공부했습니다. 오늘 공부에서 느끼고 깨달은 바를 함께 나누어 봅시다 sharing time.

③ 방언기도 중에 내가 경험한 하나님의 은혜는 어떤 것이 있었는지 나누어 봅시다.

④ 성령의 은사로 주어진 방언기도를 어떻게 하면 더 잘 사용하고, 누릴 수 있을지 방안을 생각해 봅시다.

⑤ 방언기도를 통해 교회가 더욱 강건해질 수 있도록 내가 해야 할 역할은 무엇일까요?

오늘의 과제 방언기도의 의미와 능력이 무엇인지 깊이 묵상하고 내가 실천할 수 있는 구체적인 계획을 글로 적어 봅시다.

암송 구절

"믿는 자들에게는 이런 표적이 따르리니
곧 그들이 내 이름으로 귀신을 쫓아내며 새 방언을 말하며"

마가복음 16:17

"And these signs will accompany those who believe:
In my name they will drive out demons; they will speak in new tongues."

Mark 16:17

방언기도 선포문

나는 방언기도를 통해 매일 하나님과
더 깊은 교제를 나누겠습니다!

묵상 명언

우리는 기도를 통해
이 땅에서 천국의 능력을 가져온다.

찰스 스펄전 Charles H. Spurgeon

Tongues Pr

03

방언기도와 성령의 기름부으심

ayer School

03 방언기도와 성령의 기름부으심

신디 제이콥스Cindy Jacobs는 자신의 저서 『초자연적인 삶을 살라The Supernatural Life』에서 성령의 기름부으심을 통해 방언을 경험한 이야기를 들려줍니다. 대학 시절, 그녀는 등록금 걱정으로 마음이 무거웠습니다. 그런 그녀에게 한 친구가 성령에 관한 책을 선물했고, 이는 큰 전환점이 되었습니다.

당시 그녀는 성령님이 삼위일체의 한 분이라는 것만 알고 있었고, 방언으로 기도하거나 병자에게 안수하며, 바닥에 엎드려 기도하는 것에 대해서는 매우 생소하고 낯설게 느꼈습니다. 그러나 책을 읽으면서 성령님에 대한 갈망이 커졌고, 그녀는 간절히 기도했습니다. "오, 주님! 제게 성령의 능력과 방언의 은사를 주시옵소서."

기도하던 중, 그녀의 입에서 자연스럽게 새로운 노래가 흘러나왔습니다. 그것은 영어가 아닌 독일어나 불어처럼 들리는 언어들이었습니다. 이로써 그녀는 성령의 기름부으심 가운데 방언을 경험하게 되었습니다. 이후 그녀는 자신의 지난 15년 신앙생활이 무기력했음을 깨달았고, 방언을 체험한 이후 예언, 계시, 중보기도 등의 새로운 은사들이 열리는 것을 경험했다고 고백했습니다.

묵상

성령의 기름부으심으로 방언을 체험한 경험이 있다면 함께 나누어 봅시다. 그리고 그 체험이 나의 신앙생활에 어떠한 변화를 가져왔는지도 이야기해 봅시다.

방언기도지수
체크 리스트

Tongues Prayer Quotient Check List

당신의 방언기도지수TPQ는?

아래의 문항을 읽고 나에게 해당하는 것을 체크해 보세요.

① 방언기도가 성령의 기름부으심을 통해 나타나는 은사임을 이해하고 있다.

② 방언기도를 통해 성령의 임재와 능력을 경험한 적이 있다.

③ 방언기도를 통해 예언, 계시, 치유와 같은 다른 은사가 활성화된 경험이 있다.

④ 방언기도가 내 삶의 영적 독소부정적 생각, 불신앙, 두려움 등를 제거하는 데 도움을 주고 있다.

⑤ 방언기도를 통해 마귀의 속임수나 영적 공격에서 승리한 경험이 있다.

나에게 해당하는 문항은 몇 개인가요? _____ 개

체크하지 못한 문항의 내용을 다시 점검하고,
앞으로 이를 적용할 수 있는 방법을 생각해 봅시다.

성경과의 만남

고린도전서 12장 4절에서 13절까지 읽어보십시오.

4 은사는 여러 가지나 성령은 같고 5 직분은 여러 가지나 주는 같으며 6 또 사역은 여러 가
지나 모든 것을 모든 사람 가운데서 이루시는 하나님은 같으니 7 각 사람에게 성령을 나
타내심은 유익하게 하려 하심이라 8 어떤 사람에게는 성령으로 말미암아 지혜의 말씀을,
어떤 사람에게는 같은 성령을 따라 지식의 말씀을, 9 다른 사람에게는 같은 성령으로 믿
음을, 어떤 사람에게는 한 성령으로 병 고치는 은사를, 10 어떤 사람에게는 능력 행함을,
어떤 사람에게는 예언함을, 어떤 사람에게는 영들 분별함을, 다른 사람에게는 각종 방언
말함을, 어떤 사람에게는 방언들 통역함을 주시나니 11 이 모든 일은 같은 한 성령이 행하
사 그의 뜻대로 각 사람에게 나누어 주시는 것이니라 12 몸은 하나인데 많은 지체가 있고
몸의 지체가 많으나 한 몸임과 같이 그리스도도 그러하니라 13 우리가 유대인이나 헬라
인이나 종이나 자유인이나 다 한 성령으로 세례침례를 받아 한 몸이 되었고 또 다 한 성령
을 마시게 하셨느니라

1. 성령의 기름부으심으로 주어진 은사 중 방언기도는 왜 중요할까요? 7절

2. 성령이 각 사람에게 기름부으시는 목적은 무엇입니까? 7절

3. 성령은 기름부으심으로 어떤 은사들을 주십니까? 8-10절

4. 성령의 기름부으심을 체험한 성도는 어떤 변화를 경험할까요? 13절

5. 한 성령을 마신다는 의미는 무엇입니까? 13절

방언기도와 성령의 기름부으심

방언기도는 성령의 기름부으심을 통해 하나님의 임재와 권능을 드러내며, 성령의 공동체인 교회 안에서 중요한 역할을 감당합니다. 이는 단순한 개인적 체험을 넘어, 성령의 통치와 역사하심을 나타내는 영적 증거입니다.

사도행전 2장에 기록된 오순절 사건은 그 대표적인 예로, 제자들이 성령의 충만함을 받고 각기 다른 언어로 방언을 말하기 시작할 때, 성령님이 그들의 혀를 사용하시며 하나님의 능력이 임한 외적 증거를 보여주십니다. 이후 제자들은 담대하게 복음을 전하며, 성령의 권능 안에서 새로운 삶을 살아가기 시작합니다.

야고보서 3장은 '혀가 온 몸을 다스린다'고 말하며, 방언이 단순한 언어 현상이 아니라 성령의 다스림을 받는 삶의 시작임을 시사합니다. 성령님이 다스리시는 혀는 곧 삶 전체를 이끄는 방향키가 됩니다.

또한 사도행전은 회개한 자들에게 하나님께서 성령을 선물로 주신다고 선언하며, 이 선물의 대표적인 은사가 방언임을 보여줍니다. 바울도 "나는 너희 모두가 방언 말하기를 원하나"고전 14:5라고 말하며, 오늘날에도 방언의 유익과 그 중요성을 강조합니다.

1. 방언기도와 성령의 기름부으심

사도행전 2장에서 제자들이 성령의 충만함을 받고 방언을 말하기 시작한 사건은, 방언이 성령의 기름부으심을 나타내는 표적임을 보여줍니다. 이때 방언은 성령이 임하신 외적 증거로 나타나며, 성령의 권능이 초자연적으로 역사하기 시작한 것을 증명합니다.

1) 성령의 기름부으심의 의미

성령의 기름부으심은 성령님이 성도에게 임하여 초자연적인 능력과 권능을 부여하는 것을 말합니다. 이는 단순한 감정적 체험이 아니라, 하나님께서 사역과 삶을 위한 능력을 부어주시는 실제적인 사건입니다.

성경은 성령과 성도와의 관계를 세 가지 헬라어 전치사로 구분해 설명합니다. 첫째는 '파라παρά, 함께', 둘째는 '엔ἐν, 안에', 셋째는 '에피ἐπί, 위에'입니다. 요한복음 14장 16절에서 17절은 성령이 우리와 '함께파라'하시고, 우리 '안에엔' 거하신다고 말씀합니다. 또한 사도행전 1장 8절에서는 성령이 우리 '위에에피' 임하신다고 말합니다.

이처럼 성령의 기름부으심은 우리와 '함께with', 우리 '안에in', 그리고 우리 '위에upon'로 구분할 수 있습니다. 성령님은 우리와 함께 거하시고, 우리 안에 내주하시며, 우리 위에 임하셔서 권능을 주신다는 의미입니다. 이 중 '위에 임하시는' 성령님은 초자연적인 권능을 부어주시며, 이를 특별히 성령의 기름부으심이라고 부릅니다.

2) 성령의 기름부으심의 증거로서 방언기도

방언기도는 성령의 기름부으심을 체험하는 중요한 도구로, 성령의 충만함과 능력을 지속적으로 경험하게 합니다. 사도행전 2장에서 제자들이 성령의 충만함을 받고 방언을 말하기 시작한 사건은, 방언기도가 성령의 기름부으심의 표적이자 증거임을 보여줍니다. 성령의 기름부으심을 받은 성도들은 방언기도를 통해 다른 영적 은사들을 활성화시키는 능력을 얻게 됩니다. 예언, 치유, 영 분별 등 성령의 다른 은사들은 방언기도를 기초로 활성화되며, 이는 방언이 성령의 은사 체계에서 중심적인 역할을 한다는 점을 보여줍니다.

또한, 방언기도는 성령의 기름부으심을 통해 성도들이 사역을 감당할 수 있는 영적 능력을 부여받는 데 중요한 역할을 합니다. 베니 힌Benny Hinn 목사는 "성령님의 기름부으심을 거두지 마옵소서. 기름부으심의 손길이 없다면 죽는 편이 낫습니다"라고 고백하며, 성령의 기름부으심이 성도의 삶과 사역에 필수적임을 강조합니다. 이처럼 방언기도는 성령의 기름부으심을 통해 초자연적인 능력을 체험하고, 복음전파와 사역의 열매를 맺도록 돕습니다.

Q 방언기도는 왜 성령의 기름부으심을 나타내는 중요한 증거일까요? (cf. 행 2:4)

2. 방언기도와 성령의 공동체

1) 방언기도와 성령의 은사 구조

성령의 공동체인 교회는 다양한 은사의 구조 위에 세워졌습니다. 고린도전서 12장 4절은 "은사는 여러 가지나 성령은 같고"라고 말씀합니다. 성령님은 지혜의 말씀, 지식의 말씀, 믿음, 병 고침, 능력 행함, 예언, 영 분별, 방언, 방언 통역 등 아홉 가지 은사를 주셔서 교회를 세우십니다고전

12:8-10. 이 은사들은 각 성도에게 주어져 교회의 유익과 성장에 기여합니다.

2) 방언기도와 성령의 직분 구조

교회는 직분자의 구조 위에 세워지며, 각 직분은 성령의 은사와 함께 주어집니다. 에베소서 4장 11절은 사도, 선지자, 복음 전하는 자, 목사, 교사를 언급하며, 하나님께서 교회 중에 세우신 직분자들의 역할을 강조합니다. 또한, 고린도전서 12장 28절은 교회 안에 세워진 직분자와 함께 각종 방언을 말하는 자들도 포함하고 있음을 보여줍니다. 이는 방언기도가 교회 안에서 중요한 역할을 한다는 점을 나타냅니다.

3) 방언기도의 교회 공동체 안에서 역할

방언기도는 교회 내 모든 은사와 직분이 활성화되도록 돕는 기초적인 역할을 합니다. 고린도전서 12장 28절에 따르면, 방언기도는 성령님이 교회 공동체에 주신 은사 체계의 중심에 있으며, 이를 통해 성령의 능력이 교회 안에서 활발히 나타납니다. 이처럼 방언기도가 성도의 믿음을 강화하고, 성령의 권능을 활성화하며, 교회 공동체를 영적으로 견고하게 만드는 역할을 하기 때문에 마귀는 방언기도의 잠재력을 두려워합니다.

Q 성령의 기름부으심을 통해 내가 받은 은사는 무엇이며(cf. 고전 12:4), 이를 통해 교회를 어떻게 섬길 수 있을지 묵상해 봅시다.

3. 방언기도 : 성령의 은사로서의 중요성

고린도전서 12장 4절은 "은사는 여러 가지나 성령은 같고"라고 말씀하며, 교회 공동체에서 다양한 은사가 주어진다고 말합니다. 방언기도는 이러한 은사 중 하나로, 고린도전서 12장 8절로부터 10절에서 언급된 성령의 아홉 가지 은사 중 하나입니다. 방언기도는 하나님과의 직접적인 소통을 가능하게 하는 도구로서, 개인의 영적 성장뿐만 아니라 교회의 유익을 위해 주어진 은사입니다.

1) 방언기도는 성령의 임재를 나타내는 표적이다

방언기도는 성령의 기름부으심이 나타나는 외적 증거입니다. 사도행전 2장에서 오순절 성령 강림 때 방언이 임하며 성령의 임재가 나타난 사건은 방언이 성령의 충만함과 하나님의 역사를 드러내는 중요한 표적임을 보여줍니다행 2:4. 이를 통해 방언기도는 성도가 성령님과 깊이 연결되었음을 나타내는 영적 체험으로 작용합니다.

2) 방언기도는 개인의 영적 성장을 강화한다

고린도전서 14장 4절은 "방언을 말하는 자는 자기의 덕을 세우고"라고 말씀하며, 방언기도가 개인의 믿음과 영적 성장을 도모하는 데 중요한 역할을 한다고 강조합니다. 방언은 성령님이 주시는 언어로 기도함으로써, 성도가 자신의 내면 깊은 곳에서 하나님의 임재를 경험하고 영적 충만을 유지할 수 있게 합니다.

3) 방언기도는 영적 정화와 내적 치유를 가져온다

방언기도는 성도의 영혼에 쌓인 영적 불순물과 부정적 감정을 제거합니니다. 방언기도를 통해 하나님께 경배하고 간구하는 동안, 성도의 내면이 성령의 역사를 통해 새롭게 되고, 두려움과 불안이 사라지며, 평안과 기쁨을 누리게 됩니다. 이는 방언이 단순한 기도 이상의 영적 정화와 치유의 수단임을 보여줍니다.

4) 방언기도는 다른 은사들을 활성화하는 열쇠이다

방언기도는 예언, 치유, 영 분별 등 다른 은사들을 활성화시키는 기초가 됩니다. 바울은 방언기도와 예언을 함께 언급하며, 방언이 성령의 다양한 은사를 체험하고 누리게 하는 중요한 통로임을 시사했습니다고전 14:13-15. 방언은 성령의 역사에 더 민감하게 반응하도록 도와주며, 다른 은사들을 효과적으로 사용할 수 있는 영적 준비를 제공합니다.

5) 방언기도는 교회 공동체의 연합과 성장을 돕는다

방언기도는 개인적인 은사로 시작되지만, 방언 통역을 통해 공동체 안에서 하나님의 메시지를 나누고, 교회를 세우는 데 기여할 수 있습니다고전 14:5, 27-28. 이는 방언이 성령의 은사와 교회의 사역 간의 조화를 이루게 하며, 교회 공동체의 영적 성장과 부흥에 이바지함을 보여줍니다.

Q 방언기도를 통해 영적 불순물과 부정적 감정이 사라진 경험이 있습니까?(cf. 롬 8:26) 만약 그렇다면 그러한 경험에 대하여 나누어 봅시다.

TONGUES
PRAYER SCHOOL

적용을 위한 다짐과 실천

① 지난 한 주간 동안 방언기도 중에 나에게 베푸신 하나님의 은혜에 대하여 나누어 봅시다.

② 지금까지 '방언기도와 성령의 기름부으심'에 대해 공부했습니다. 오늘 공부에서 느끼고 깨달은 바를 함께 나누어 봅시다 sharing time.

③ 방언기도 후 성령의 기름부으심을 통해 내 삶에 나타난 변화가 무엇인지 나누어 봅시다.

④ 성령의 기름부으심을 유지하기 위해 무엇을 해야 하는지 나누어 봅시다.

⑤ 방언기도를 통한 성령의 은사가 공동체를 세우는 데 어떤 역할을 할 수 있을지 나누어 봅시다.

오늘의 과제 고린도전서 14장과 사도행전 2장을 읽으며 성령의 기름부으심의 의미를 묵상하고 글로 적어 봅시다.

암송 구절

"베드로가 이 말을 할 때에 성령이 말씀 듣는
모든 사람에게 내려오시니 베드로와 함께 온 할례 받은 성도들이
이방인들에게도 성령 부어 주심으로 말미암아 놀라니
이는 방언을 말하며 하나님 높임을 들음이러라"

사도행전 10:44-46

"While Peter was still speaking these words,
the Holy Spirit came on all who heard the message.
The circumcised believers who had come with Peter were astonished
that the gift of the Holy Spirit had been poured out even on Gentiles.
For they heard them speaking in tongues and praising God."

Acts 10:44-46

방언기도 선포문

나는 방언기도를 통해
성령의 기름부으심을 매일 충전하겠습니다!

묵상 명언

방언기도는 성령의 기름부으심이 흘러나오는 열쇠이다.

마헤쉬 차브다 Mahesh Chavda

Tongues Pr

04

방언을 체험하는 방법

ayer School

04 방언을 체험하는 방법

존 웨슬리John Wesley는 감리교의 창시자로서 기독교 역사에서 중요한 인물입니다. 1738년 크리스마스 절기가 다가오자 그는 자신이 섬기고 있는 페터레인신도회Fetter Lane Society 회원들과 함께 한 해를 돌아보고 새해를 준비하는 시간을 갖기로 결정했습니다. 새해 첫날, 60명이 넘는 성도들이 모였고, 모임은 자정을 넘어 새벽까지 이어졌습니다.

새벽 3시경, 한 성도가 자리에서 일어나 외쳤습니다. "우리 다 함께 합심하여 기도합시다!" 이 말을 시작으로 모두가 한마음으로 간절히 기도하기 시작했습니다. 그러자 성령의 강력한 임재가 모임 가운데 임했고, 많은 성도가 방언으로 기도하기 시작했습니다. 어떤 이들은 성령의 뜨거운 임재를 감당하지 못하고 바닥에 엎드려 몸부림치며 기도했습니다. 그 장면은 마치 오순절 마가의 다락방에 성령이 임했던 순간을 떠올리게 했습니다.

성령의 불이 성도들 가운데 임하자, 그들은 깊은 회개를 통해 내면의 죄를 토해내듯 정결함을 체험했고, 감격과 기쁨 속에 "오 주님! 당신을 찬양합니다. 당신은 우리의 모든 것이 되십니다!"라고 외쳤습니다. 이 체험을 통해 존 웨슬리는 자신의 사명을 다시금 새롭게 다짐하게 되었습니다.

묵상 내가 생각하는 방언을 체험하는 방법은 무엇인지, 그리고 그 체험을 통해 어떤 영적 변화가 있었는지 함께 나누어 봅시다.

방언기도지수
체크 리스트

Tongues Prayer Quotient Check List

당신의 방언기도지수TPQ는?

아래의 문항을 읽고 나에게 해당하는 것을 체크해 보세요. ☑

① 성령을 인정하고 받아들일 마음의 준비가 되어 있다.

② 방언기도가 성령의 은사로 하나님이 주시는 선물임을 확신한다.

③ 나는 성령의 은사로 방언을 받을 자격이 있다고 생각한다.

④ 방언기도를 체험하기 위해 성령충만을 간절히 사모하며 꾸준히 기도하고 있다.

⑤ 방언기도 할 때 자신의 이성을 초월하여 성령의 인도하심에 온전히 맡기고 기도하고 있다.

나에게 해당하는 문항은 몇 개인가요? _____ 개

체크하지 못한 문항의 내용을 다시 점검하고,
앞으로 이를 적용할 수 있는 방법을 생각해 봅시다.

성경과의 만남

누가복음 11장 9절에서 13절을 읽어보십시오.

9 내가 또 너희에게 이르노니 구하라 그러면 너희에게 주실 것이요 찾으라 그러면 찾아
낼 것이요 문을 두드리라 그러면 너희에게 열릴 것이니 10 구하는 이마다 받을 것이요 찾
는 이는 찾아낼 것이요 두드리는 이에게는 열릴 것이니라 11 너희 중에 아버지 된 자로서
누가 아들이 생선을 달라 하는데 생선 대신에 뱀을 주며 12 알을 달라 하는데 전갈을 주
겠느냐 13 너희가 악할지라도 좋은 것을 자식에게 줄 줄 알거든 하물며 너희 하늘 아버지
께서 구하는 자에게 성령을 주시지 않겠느냐 하시니라

1. 하나님께서는 어떤 사람에게 성령을 주신다고 약속하셨나요? 9절

2. 방언을 포함한 성령의 은사를 받기 위해 가장 먼저 해야 할 것은 무엇입니까? 10절

3. 방언을 체험하는 과정에서 가장 큰 장애물은 무엇입니까? 11-12절

4. 하나님이 성령을 주실 때 성도가 의심이나 두려움을 가질 필요가 없는 이유는 무엇입니까? 13절

5. 방언 체험을 받을 때 성도가 마지막으로 해야 할 것은 무엇입니까? 13절

방언을 체험하는 방법

방언은 성령의 은사이며, 하나님께서 성도들에게 주시는 선물입니다. 방언을 받기 위해서는 예수 그리스도의 보혈로 죄사함을 받았다는 믿음과 성령님의 존재를 인정하는 신앙에서 출발해야 합니다. 방언과 성령세례침례에 대한 오해와 장애물을 제거하고, 두려움 없이 믿음으로 나아가는 자세가 필요합니다. 방언이 성령의 은사임을 믿고 간절히 사모하며 구할 때, 하나님께서 그 기도를 들으시고 응답하십니다. 믿음으로 입을 열어 기도할 때, 성령님의 인도하심에 따라 방언을 말하기 시작할 수 있습니다.

1. 성령님을 인정하라

방언을 체험하는 데 있어 가장 중요한 것은 성령님의 존재를 인정하고, 성령님의 역사하심을 신뢰하는 것입니다. "성령으로 아니하고는 누구든지 예수를 주시라 할 수 없느니라"고전 12:3는 말씀은, 성령님의 사역 없이는 참된 신앙 고백조차 불가능하다는 점을 보여줍니다.

1) 예수님을 믿고 영접하는 것의 중요성

예수님을 믿고 영접하는 것은 신앙의 출발점입니다. 요한복음 1장 12절은 "영접하는 자 곧 그 이름을 믿는 자들에게는 하나님의 자녀가 되는 권세를 주셨으니"라고 말씀합니다. 이 말씀은 방언을 체험하기 위해 예수님을 자신의 구주로 믿고 받아들여야 함을 강조합니다. 그렇게 믿고 영접할 때, 성령님이 그 안에 내주하시며 방언이라는 은사를 선물로 주시는 것입니다.

2) 성령님이 내주하신다는 확신

방언을 체험하기 위해서는 성령님이 우리 안에 거하신다는 사실을 확신하는 것이 중요합니다. 고린도전서 6장 19절은 "너희 몸은 너희가 하나님께로부터 받은 바 너희 가운데 계신 성령의 전인 줄을 알지 못하느냐"라고 말씀합니다. 이 말씀은 성령님이 성도 안에 거하신다는 분명한 진리를 가르쳐 줍니다. 이러한 확신은 방언이라는 성령의 은사를 체험하기 위한 첫 걸음이 됩니다.

Q 나는 성령님이 내 안에 거하신다는 사실을 확신하고 있나요? 그렇다면 삶 속에서 그 증거를 어떻게 경험하고 있나요? (cf. 고전 6:19)

2. 방언과 성령세례침례에 대한 잘못된 장애물을 제거하라

방언을 체험하기 원하는 성도들에게는, 그 길을 막는 오해나 두려움이 존재할 수 있습니다. 방언과 성령세례침례에 대한 대표적인 세 가지 장애물은 믿음으로 극복해 나가야 합니다.

1) '나는 성령을 선물로 받을 자격이 없다'는 생각

방언은 하나님이 자신을 주로 믿고 시인하는 자녀에게 주시는 성령의 은사입니다. 이 은사는 행위나 자격과 상관없이 하나님의 은혜로 주어지는 것입니다엡 2:8. 고린도전서 12장 11절은 "이 모든 일은 같은 한 성령이 행하사 그의 뜻대로 각 사람에게 나누어 주시는 것이니라"고 말씀합니다. 이는 성령의 은사가 자격 있는 자에게 주어지는 보상이 아니라, 오직 하나님을 믿는 믿음으로 주어지는 하나님의 선물임을 보여줍니다.

2) '성령충만을 위해 꼭 방언을 할 필요는 없다'는 생각

방언은 성령충만의 중요한 증거 중 하나로 성경에 자주 등장합니다. 사도행전 2장은 오순절 성령 체험 사건에서 성령충만의 외적 증거로 방언을 말하기 시작했다고 기록합니다. 사도행전 10장에서도 고넬료의 가족이 성령을 받을 때 방언을 말했으며, 사도행전 19장에서는 에베소 제자들이 성령충만을 받은 후 방언을 말했습니다. 이처럼 성경은 방언을 성령충만의 분명한 증거로 제시합니다.

3) '나는 성령님께서 내가 말하도록 하실 때를 기다려야 한다'는 생각

방언은 성령님의 역사에 대한 성도의 자발적인 반응입니다. 방언을 체험하기 위해서는 단순히 기다리는 것이 아니라, 적극적으로 구하고눅 11:9-13, 기도하고고전 14:15, 성령님께 순종하여 말하기 시작해야 합니다행 2:4, 19:6. 하나님께서는 우리가 성령님을 간절히 사모하고 믿음으로 반응하기를 원하십니다. 방언은 성령님의 인도하심에 순종할 때 열리는 은사이며, 그 체험은 적극적인 믿음의 행동 속에서 이루어집니다.

Q 성령의 은사를 체험하기 위해 나에게 제거해야 할 잘못된 장애물에는 어떤 것들이 있을까요? (cf. 엡 2:8-9; 막 16:17; 눅 11:9-13)

3. 방언은 성령의 은사임을 기억하고 사모하며 구하라

1) 성령의 은사인 '방언'은 하나님이 약속하신 선물이다

방언은 하나님께서 약속하신 선물입니다. 예수님은 십자가 사역을 마치신 후, 하나님이 약속하신 선물인 성령을 보내시겠다고 말씀하셨습니다 눅 24:29. 성령이 임하시면 능력을 받게 되고 행 1:8 방언을 포함한 영적인 은사를 경험할 수 있게 됩니다. 그러므로 성도는 방언을 체험하기 위해 성령의 은사를 간절히 사모하고 구해야 합니다.

2) 방언은 믿음으로 사모하고 구하는 자에게 주어진다

성령은 하나님의 선물이지만, 믿음으로 사모하며 구하는 자에게 허락됩니다 눅 11:13. 오순절 성령 강림 행 2:1-4과 고넬료의 가정에서 성령이 임한 사건 행 10:44-46은, 사모하는 이들에게 성령과 방언의 역사가 나타남을 보여줍니다. 성도들이 방언의 은사를 체험하기 위해서는 믿음으로 적극적으로 구하고, 열려 있는 자세로 응답을 기다려야 합니다.

Q 방언이 하나님께서 약속하신 성령의 은사임을 믿고, 그것을 간절히 사모하고 있나요? (cf. 눅 24:49)

4. 믿음으로 방언을 말하기 시작하라

1) 성령의 은사를 사모하며 간구하라

하나님은 성령을 구하는 자에게 기꺼이 허락하시는 분이십니다. 예수님은 "너희가 악할지라도 좋은 것을 자식에게 줄 줄 알거든 하물며 너희 하늘 아버지께서 구하는 자에게 성령을 주시지 않겠느냐"눅 11:13라고 말씀하셨습니다. 방언을 체험하길 원한다면, 사모하는 마음으로 기도하며 믿음으로 간구해야 합니다.

2) 입을 열고 받은 줄로 믿고 기도하라

많은 사람이 방언을 받으려 하면서도 실제로 입을 열어 기도하지 않기 때문에 경험하지 못합니다. 마가복음 11장 24절에 "그러므로 내가 너희에게 말하노니 무엇이든지 기도하고 구하는 것은 받은 줄로 믿으라 그리하면 너희에게 그대로 되리라"고 말씀합니다. 성도가 방언을 체험하려면 받은 줄로 믿는 믿음으로 입을 열어 기도할 때 성령님이 역사하십니다.

3) 방언이 어색하게 느껴져도 낙심하지 말고 계속 기도하라

방언을 처음 시작할 때는 유창하지 않거나 어색하게 들릴 수 있습니다.

짧거나 더듬거리는 말이 나오더라도 낙심하지 말고 계속 기도하면 성령님이 더 깊이 역사하십니다사 28:11. 아이가 말을 배우듯, 반복적으로 사용하면 더욱 자연스럽게 방언으로 기도하게 됩니다.

4) 성령님은 초자연적인 방언을 창조하시고, 우리는 믿음으로 기도한다

방언은 성령님이 성도의 영을 통해 창조적으로 역사하시는 기도입니다. 성도들은 성령님께 순종하여 입을 열고 기도할 뿐이며, 방언의 내용과 흐름은 성령님이 인도하여 주십니다고전 14:14. 성도들은 성령님의 인도하심을 신뢰하고, 머리로 이해하려 하지 말고 마음을 열어 기도해야 합니다. 그리할 때 성령님의 역사하심으로 더욱 풍성한 방언을 경험하게 됩니다.

Q 방언을 체험하기 위해 내가 삶 속에서 실천하고 있는 믿음의 행동에는 어떤 것이 있나요? (cf. 고전 14:14)

TONGUES PRAYER SCHOOL

적용을 위한 다짐과 실천

① 지난 한 주간 동안 방언기도 중에 나에게 베푸신 하나님의 은혜에 대하여 나누어 봅시다.

② 지금까지 '방언을 체험하는 방법'에 대해 공부했습니다. 오늘 공부에서 느끼고 깨달은 바를 함께 나누어 봅시다 sharing time.

③ 방언을 체험하기 위해 어떤 믿음과 태도를 가져야 할까요? 눅 11:9-10

④ 방언을 체험하기 위해서 성도가 버려야 할 생각은 무엇입니까?

⑤ 방언을 체험 후 변화된 성경 속 인물들사도들, 고넬료 등을 살펴보고, 나에게는 어떤 변화가 나타났는지 구체적으로 나누어 봅시다.

오늘의 과제

마태복음 21장 22절 말씀을 읽고 방언을 체험하기 위해 우리가 기도할 때 가져야 할 올바른 태도는 무엇인지 묵상하고 글로 적어 봅시다.

암송 구절

"너희가 악할지라도 좋은 것을 자식에게 줄 줄 알거든
하물며 너희 하늘 아버지께서 구하는 자에게
성령을 주시지 않겠느냐 하시니라"

누가복음 11:13

"If you then, though you are evil,
know how to give good gifts to your children,
how much more will your Father in heaven give
the Holy Spirit to those who ask him!"

Luke 11:13

방언기도 선포문

나는 성령의 은사인 방언을 사모하며
매일 방언으로 기도하겠습니다!

묵상 명언

방언은 성령님이 주신 선물이며,
그 선물을 사용할 때 우리는 더욱 깊은 기도를 드릴 수 있다.

레너드 레이븐힐 Leonard Ravenhill

Tongues Pr

05

방언의 네 가지 종류

yer School

05 방언의 네 가지 종류

데이브 로버슨Dave Roberson 목사는 1973년부터 방언기도와 성령의 역사를 강조하며 사역을 이어왔습니다.

첫 번째 사례는 캘리포니아 산호세에서 열린 한 그리스도인 토크쇼에서 일어난 일입니다. 방송 도중, 그의 의지와는 상관없이 방언이 터져 나왔고, 그 장면을 지켜보던 한 여성이 감격하며 다가왔습니다. 그녀는 로버슨 목사가 오래된 독일 시골 방언으로 말하고 있으며, 그 내용이 자신의 삶과 깊이 연결된 메시지였다고 전했습니다. 더 놀라운 것은, 현장에 있던 또 다른 독일 여성이 그 방언을 듣고 불치병에서 치유되는 기적을 체험한 것이었습니다. 이 사건을 통해 로버슨 목사는 방언이 단순한 언어적 현상이 아닌, 성령의 강력한 역사임을 확신하게 되었습니다.

또 다른 사례는 캘리포니아 애너하임에서 열린 집회에서 일어났습니다. 한 스페인계 가톨릭 여성을 위해 기도하던 그는 그녀의 병을 정확히 짚어내고 방언으로 중보하기 시작했습니다. 그는 스페인어를 전혀 알지 못했지만, 성령의 인도하심에 따라 간절히 기도했습니다. 그 결과, 그녀는 즉시 치유되었고, 이를 목격한 많은 사람이 하나님께 영광을 돌렸습니다.

이러한 경험을 통해 로버슨 목사는 방언기도가 성도의 믿음을 강화하고, 성령의 음성을 듣는 능력을 키우며, 복음전파의 강력한 도구가 될 수 있음을 확신하게 되었습니다.

묵상 나의 삶 가운데 방언기도를 통해 성령의 인도하심을 경험한 적이 있다면, 그 경험은 어떤 것이었으며 어떤 변화를 가져왔는지 함께 나누어 봅시다.

방언기도지수
체크 리스트

Tongues Prayer Quotient Check List

당신의 방언기도지수TPQ는?

아래의 문항을 읽고 나에게 해당하는 것을 체크해 보세요.

① 나는 방언기도를 통해 하나님과 더 친밀한 관계를 형성하고 있다.

② 나는 방언기도를 통해 다른 사람을 위한 중보기도를 하고 있다.

③ 나는 방언기도를 통해 하나님의 메시지를 더욱 깊이 이해한 경험이 있다.

④ 나는 방언기도가 전도의 도구가 될 수 있음을 믿고 있다.

⑤ 나는 방언기도를 꾸준히 실천하며, 이를 통해 성령의 인도하심을 경험하고 있다.

나에게 해당하는 문항은 몇 개인가요? _____ 개

체크하지 못한 문항의 내용을 다시 점검하고,
앞으로 이를 적용할 수 있는 방법을 생각해 봅시다.

성경과의 만남

고린도전서 12장 26절에서 31절을 읽어보십시오.

[26] 만일 한 지체가 고통을 받으면 모든 지체가 함께 고통을 받고 한 지체가 영광을 얻으
면 모든 지체가 함께 즐거워하느니라 [27] 너희는 그리스도의 몸이요 지체의 각 부분이라
[28] 하나님이 교회 중에 몇을 세우셨으니 첫째는 사도요 둘째는 선지자요 셋째는 교사요
그 다음은 능력을 행하는 자요 그 다음은 병 고치는 은사와 서로 돕는 것과 다스리는 것
과 각종 방언을 말하는 것이라 [29] 다 사도이겠느냐 다 선지자이겠느냐 다 교사이겠느냐
다 능력을 행하는 자이겠느냐 [30] 다 병 고치는 은사를 가진 자이겠느냐 다 방언을 말하는
자이겠느냐 다 통역하는 자이겠느냐 [31] 너희는 더욱 큰 은사를 사모하라 내가 또한 가장
좋은 길을 너희에게 보이리라

1. 하나님께서 방언을 포함한 다양한 은사를 주신 목적은 무엇입니까? 26-27절

2. 방언이 교회 안에서 주어진 여러 은사들과 함께 언급된 이유는 무엇입니까? 28절

3. 28절에 '각종 방언'이라는 표현이 사용된 의미는 무엇입니까? 28절

4. 30절에서 은사로서 방언과 방언통역은 어떻게 다르며, 각각의 목적은 무엇입니까?

5. 방언을 올바르게 활용하기 위해 성도가 가져야 할 태도는 무엇입니까 31절

방언의 네 가지 종류

방언은 개인적인 신앙 성장과 교회 공동체의 유익을 위해 사용됩니다. 개인적으로는 하나님과의 깊은 교제를 돕고, 영적 성장을 촉진하며, 공동체적으로는 예배와 복음전파를 돕는 역할을 합니다. 방언은 네 가지 종류로 구분할 수 있습니다. 개인의 덕을 세우는 방언개인 신앙을 강화하고 영적 성장을 돕는 방언, 중보기도하는 방언성령의 도우심을 받아 중보기도할 때 사용되는 방언, 통역하는 방언교회 공동체에서 통역을 통해 하나님의 메시지를 전달하는 방언, 전도 표적으로서의 방언복음을 전파하고 증거하는 과정에서 사용되는 방언입니다.

1. 개인적인 덕을 세우기 위한 방언 고린도전서 14:4

개인적인 덕을 세우기 위한 방언은 신앙의 성장을 돕고, 기도를 깊이 있게 하며, 성령충만을 경험하게 합니다. 이는 개인의 영적 삶을 더욱 풍성하게 만들고, 하나님과의 관계를 돈독하게 합니다.

1) 방언기도는 믿음의 덕을 쌓아올린다

방언기도는 마치 신앙의 집을 세우듯, 믿음의 벽돌을 하나씩 쌓아가는 과정과 같습니다고전 14:4. 성도들은 방언기도를 통해 더욱 깊은 영적 체험을 하게 되며, 신앙의 뜨거움과 담대함을 경험할 수 있습니다. 반복적인 방언기도를 통해 성령님과의 친밀한 관계가 형성되며, 개인의 신앙이 더욱 강건해집니다.

2) 기도와 찬양을 통해 믿음이 강해진다

고린도전서 14장 15절에 보면 "내가 영으로 기도하고 마음으로 기도하며, 내가 영으로 찬송하고 마음으로 찬송하리라"고 말씀합니다. 이는 성령 안에서 기도하고 찬양하는 것이 신앙을 더욱 깊이 성장시키는 중요한 요소임을 보여줍니다. 기도와 찬양을 지속적으로 실천하면, 신앙의 담대함이 생기고 하나님에 대한 믿음이 강해집니다.

3) 방언은 깊고 오랜 기도와 찬미를 가능하게 한다

방언은 인간의 언어를 초월하여 하나님과 직접 소통하는 방법입니다. 성령의 인도하심을 따라 기도할 때, 더욱 깊은 영적 체험을 하게 됩니다. 짧은 5분, 10분의 기도로는 성령충만을 온전히 경험하기 어렵습니다. 방언을 사용하면 기도의 시간이 자연스럽게 길어지고, 성령님이 친히 인도하시는 기도를 드릴 수 있습니다. 이를 통해 신앙이 더욱 성숙해지고, 하나님과의 친밀한 교제가 깊어집니다.

Q 나는 방언기도를 통해 어떠한 믿음의 덕을 쌓아가고 있는지 묵상해 봅시다. (cf. 고전 14:4)

2. 중보기도하는 탄식의 방언 로마서 8:26

탄식의 방언은 중보기도를 위한 강력한 도구입니다. 성도는 자신의 연약함과 한계로 인해 마땅히 무엇을 기도해야 할지 모를 때가 많지만, 성령님은 성도의 깊은 내면에서 말할 수 없는 탄식으로 대신 기도하시며 하나님의 뜻을 이루도록 이끄십니다. 이러한 기도를 통해 우리는 개인 기도를 넘어, 교회와 이웃, 나라와 열방을 위한 하나님의 뜻을 구하는 중보기도자로 설 수 있습니다.

1) 성령님은 우리의 연약함을 도우신다

성도들은 미래를 알지 못하며, 때로는 무엇을 위해, 어떻게 기도해야 할지조차 모를 때가 있습니다. 그러나 성령님은 성도의 보혜사로 연약함을 도우시고, 마땅히 기도해야 할 것을 아시며 인도하십니다롬 8:26.

2) 성령의 감동이 임할 때 방언으로 기도하라

기도를 생활화 하던 한 권사님의 집에 어느 날 밤 강도가 침입했습니다. 두려움 속에서도 권사님은 탄식하며 즉시 방언으로 기도하기 시작했습니다. 그러자 갑자기 도둑이 "이상하다! 앞이 깜깜해!"라고 외치며 혼란스러워하다가 도망쳤습니다. 이처럼 방언기도는 예상치 못한 하나님의 능력을 경험하는 통로가 되며, 하나님의 역사와 보호하심을 경험하게 합니다.

3) 중보기도의 사명자가 되어야 한다

사도 요한은 형제의 죄를 위해 기도할 것을 권면합니다요일 5:16. 성령님은 성도가 필요한 기도를 하게 하시며, 방언을 통해 다른 이들을 위한 중보자로 세우십니다. 성도는 방언을 통한 중보기도를 실천함으로써 하나님의 뜻이 이 땅에 이루어지도록 돕는 사명자가 되어야 합니다.

Q 방언을 통한 중보기도를 실천하여 다른 사람들의 필요와 회복을 위해 기도하고 있나요? (cf. 롬 8:26)

3. 통역하기 위한 방언 고린도전서 14:5

통역을 위한 방언은 하나님의 메시지를 전달하고, 하나님을 깊이 경배하게 하며, 영적 전투에서 승리를 선포하는 강력한 무기입니다. 방언은 단순한 개인의 기도에서 머물지 않습니다. 성령의 감동을 통해, 공동체를 위한 메시지로 확장되며 통역이 함께할 때 교회를 세우는 유익한 도구로 작용합니다.

1) 하나님의 메시지를 전달하라

고린도전서 14장 5절에 보면 "방언을 말하는 자가 통역하여 교회의 덕을 세우지 아니하면 예언하는 자만 못하리라"고 말씀합니다. 이는 방언기도가 단순한 개인의 신앙 활동을 넘어 교회 공동체를 세우며 하나님의 메시지를 전달하는 중요한 도구임을 보여줍니다.

2) 경배와 영적 전투의 통로가 된다

방언은 단순한 기도가 아니라 하나님을 경배하는 강력한 도구이며, 동시에 영적 전투에서 승리를 가져오는 무기입니다. 영적 전투가 육적인 것이 아니라 하나님의 능력을 통한 싸움임을 강조합니다고후 10:4. 성도는 방언기도를 통해 하나님의 능력을 선포하고, 영적 전투에서 승리 할 수 있습니다.

3) 성령의 주권적인 역사가 필요하다

고린도전서 12장 11절에 보면, "이 모든 일은 같은 한 성령이 행하사 그의 뜻대로 각 사람에게 나누어 주시는 것이니라"고 말씀합니다. 방언의 통역은 인간의 지혜나 의지가 아니라, 성령의 주권적인 역사로 주어지는 은사입니다. 그러므로 방언 통역자는 성령의 감동에 민감해야 하며, 메시지가 하나님의 뜻에 합당한지를 분별하는 영적 지혜가 필요합니다.

Q 영적 전투에서 방언기도를 어떻게 활용하고 있나요? (cf. 고후 10:4)

4. 전도 표적으로서의 방언 고린도전서 14:22

방언은 불신자들을 위한 전도의 표적입니다. 이는 초대교회의 오순절 사건에서도 나타났으며, 성령의 역사 속에서 불신자들을 변화시키는 역할을 합니다.

1) 개인의 덕을 세우는 방언과 불신자의 관계

방언이 전도의 도구로 사용될 때는 반드시 성령의 인도하심이 필요합니다. 방언이 초자연적인 현상으로 나타날 때, 불신자들은 이를 통해 하나님의 존재를 경험할 수 있으며, 방언이 통역될 때 하나님의 메시지가 더욱 명확하게 전달됩니다.

2) 전도 표적의 방언은 불신자를 변화시킨다

오순절 성령 강림 사건에행 2:4 전도 표적으로 방언이 나타났습니다. 마헤쉬 차브다Mahesh Chavda의 사모인 보니 차브다Bonnie Chavda는 선교 사역 중 한 선교사가 방언으로 기도하다가 원주민의 언어를 말하는 것을 목격했습니다. 성령님은 언어의 장벽을 넘어서게 하셨고, 이를 통해 원주민들이 복음을 듣고 예수님을 영접하는 기적이 일어났습니다. 이처럼 방언은 불신자의 마음을 변화시키는 도구가 됩니다.

3) 방언의 중요한 목적 중 하나가 전도이다

방언은 단순한 영적 체험이 아니라 하나님의 뜻을 이루는 중요한 도구입니다. 그 목적 중 하나가 전도입니다. 방언을 통해 우리는 하나님께서 우리를 통해 말씀하시도록 훈련되며, 그분의 뜻을 전하는 통로가 됩니다. 하나님께서 가장 원하시는 것은 영혼을 구원하는 것이며, 방언은 이를 위한 강력한 도구가 될 수 있습니다.

Q 나는 방언기도를 통해 믿지 않는 자들에게 하나님의 살아계심을 증거한 경험이 있나요? (cf. 고전 14:22)

TONGUES
PRAYER SCHOOL

적용을 위한 다짐과 실천

① 지난 한 주간 동안 방언기도 중에 나에게 베푸신 하나님의 은혜에 대하여 나누어 봅시다.

② 지금까지 '방언의 네 가지 종류'에 대해 공부했습니다. 오늘 공부에서 느끼고 깨달은 바를 함께 나누어 봅시다 sharing time.

③ 방언을 통한 성령의 사역의 목적은 무엇인가요?

④ 방언의 네 가지 종류는 무엇이며? 방언의 종류 중 개인의 유익을 위한 방언과 공동체의 유익을 위한 방언은 무엇인가요?

⑤ 방언으로 기도한 후, 내 삶 속에서 하나님의 보호와 인도하심을 경험한 순간이 있었는지 생각해 봅시다.

오늘의 과제 방언기도를 통해 내 삶의 태도나 영적 상태가 변화된 경험을 글로 적어 봅시다.

암송 구절

"이와 같이 성령도 우리의 연약함을 도우시나니
우리는 마땅히 기도할 바를 알지 못하나
오직 성령이 말할 수 없는 탄식으로
우리를 위하여 친히 간구하시느니라"

로마서 8:26

"In the same way, the Spirit helps us in our weakness.
We do not know what we ought to pray for,
but the Spirit himself intercedes for us through wordless groans."

Romans 8:26

방언기도 선포문

나는 방언기도를 통해 타인을 위해 중보기도하며
하나님의 복음을 전하는 사역을 하겠습니다!

묵상 명언

방언을 통해 기도하는 것은
성령님께 나 자신을 맡기는 훈련이다.

R.A. 토레이 R.A. Torrey

Tongues Pr

06

방언기도와 하나님의 비밀계시

ayer School

06 방언기도와 하나님의 비밀계시

멕시코 몬테레이에 위치한 예수사랑교회 담임목사로 사역하고 있는 에스더 권 선교사는 방언기도를 통해 하나님의 계시와 인도하심을 깊이 경험했습니다. 그녀가 사역하던 지역은 강한 영적 억압과 우상 숭배의 영향으로 인해 복음전파에 큰 어려움을 겪고 있었습니다. 그러던 중 성령의 강한 감동을 받아, 해당 지역과 공동체를 위해 방언으로 기도하기 시작했습니다. 기도하는 동안 하나님께서는 이 지역이 마귀의 거짓된 가르침과 두려움에 사로잡혀 있으며, 사람들이 영적으로 눌려 있다는 계시를 주셨습니다. 이에 그녀는 더욱 간절히 방언으로 기도하며 하나님의 도우심을 구했습니다.

이후, 지역 공동체와 함께 예배를 드리던 중, 그녀는 다시 방언기도로 하나님께 간구하기 시작했습니다. 그 순간 성령의 강력한 임재가 예배에 참석한 모든 이들에게 임하며, 많은 사람이 회개와 영적 해방을 경험했습니다. 두려움에서 벗어나고 치유를 받으며, 오랫동안 억눌려 있던 이들이 자유를 누리게 되었습니다. 또한 수많은 이들이 우상을 버리고 예수님을 영접하는 역사가 일어났습니다. 이 사건을 통해 그녀는 방언기도가 단순한 개인의 영적 체험을 넘어, 선교와 사역에서도 강력한 하나님의 도구가 될 수 있음을 확신하게 되었습니다. 이후로도 그녀는 방언기도를 통해 하나님의 인도하심을 구하며 사역을 이어가고 있습니다.

묵상 두려움이나 영적 억압을 느낄 때, 하나님께 방언으로 기도하는 것이 왜 필요한지 함께 나누어 봅시다.

방언기도지수
체크 리스트

Tongues Prayer Quotient Check List

당신의 방언기도지수TPQ는?

아래의 문항을 읽고 나에게 해당하는 것을 체크해 보세요. ☑

① 방언기도를 통해 성령의 감동이나 계시를 경험한 적이 있다. ☐

② 방언기도를 하던 중 성경 말씀을 더 깊이 이해하게 된 적이 있다. ☐

③ 방언기도를 할 때, 하나님의 계획이나 방향을 명확히 깨닫는 경험을 한 적이 있다. ☐

④ 방언기도를 통해 두려움이나 사탄의 공격이나, 영적 불안을 극복한 경험이 있다. ☐

⑤ 방언기도로 전도나 선교에서 하나님의 인도하심을 경험한 적이 있다. ☐

나에게 해당하는 문항은 몇 개인가요? _____ 개

체크하지 못한 문항의 내용을 다시 점검하고,
앞으로 이를 적용할 수 있는 방법을 생각해 봅시다.

성경과의 만남

에베소서 6장 18절에서 19절까지 읽어보십시오.

18 모든 기도와 간구를 하되 항상 성령 안에서 기도하고 이를 위하여 깨어 구하기를 항상
힘쓰며 여러 성도를 위하여 구하라 19 또 나를 위하여 구할 것은 내게 말씀을 주사 나로
입을 열어 복음의 비밀을 담대히 알리게 하옵소서 할 것이니

1. 바울은 하나님과 깊은 교제를 위해 어떻게 기도하라고 강조하고 있습니까? 18절

2. 항상 성령 안에서 기도하는 것이 중요한 이유는 무엇입니까? 18절; cf. 고전 14:2

3. 바울은 "깨어 구하기를 항상 힘쓰라" 했는데 이유가 무엇입니까? 18절; cf. 마 26:41

4. 하나님의 비밀계시을 깨닫기 위해 성도들이 해야 할 일은 무엇입니까? 19절; cf. 고전 2:10-12

5. 하나님이 성도들에게 하나님의 비밀계시을 알려 주시는 목적은 무엇입니까? 19절

방언기도와 하나님의 비밀계시

방언기도는 인간의 단순한 언어적 표현이 아니라 성령의 능력으로 주어지는 영의 언어이며고전 14:2, 신랑 되신 주님과 깊이 교제하는 신부의 언어입니다. 방언기도를 많이 하면 주님과의 친밀함이 증가하고롬 8:26-27 하나님의 계시가 더욱 명확하고 풍성하게 임하게 됩니다고전 2:10-12. 이처럼 방언기도는 성도가 하나님과 직접 소통을 통해 하나님의 비밀계시을 깨닫게 하는 강력한 영적 도구입니다.

1. 방언기도와 사도 바울의 계시의 능력

1) 바울은 놀라운 하나님의 계시를 받고 전달하였다

바울은 성령의 은사를 풍성히 소유했을 뿐만 아니라, 구원과 예수님의 십자가 등에 대한 놀라운 계시를 받아 이를 성경에 기록하였습니다. 그는 성령의 감동을 통해 복음을 전하고 교회를 세우는 데 있어 하나님의 직접적인 인도를 받았습니다갈 1:11-12. 대부분의 바울의 서신들은 하나님의 계시를 받아 기록된 것으로, 바울이 방언기도를 통해 더욱 깊은 영적 깨달음을 얻었음을 암시합니다.

2) 바울의 능력의 2가지 원천

성경은 바울이 받은 계시의 두 가지 원천이 십자가와 성령의 능력이라고 밝힙니다.

첫째, 예수 그리스도의 십자가입니다. 바울은 고린도전서 2장 2절에서 "예수 그리스도와 그가 십자가에 못 박히신 것 외에는 아무 것도 알지 아니하기로 작정하였음이라"고 말하며, 자신의 능력은 자신을 위해 죽으신 예수님의 십자가로부터 오는 능력임을 강조합니다.

둘째, 성령의 능력입니다. 고린도전서 14장 18절을 보면 "내가 너희 모든 사람보다 방언을 더 말하므로 하나님께 감사하노라"고 말하며 성령의 인도하심을 강하게 의지했음을 나타냈습니다. 또한 바울은 하나님의 계시를 주관하는 분은 성령이시므로 날마다 성령을 사모하고 의지해야 한다고 강조합니다고전 2:10.

3) 방언기도 : 하나님의 계시 능력의 근원 중 하나

방언기도는 성도의 영을 강하게 하며유 1:20, 하나님의 뜻을 더욱 분명하게 깨닫게 하고, 영적인 분별력을 높이는데 도움을 줍니다. 바울이 자신의 사역함에 방언기도를 지속적으로 했다는 사실은 그가 하나님의 계시를 더욱 깊이 깨닫는 중요한 방법으로 방언기도를 활용했음을 보여줍니다.

바울은 공예배에서는 방언보다 예언과 가르침을 더 강조했지만고전 14:19, 개인적인 신앙생활에서는 방언의 가치를 매우 높이 평가하였습니다고전 14:2, 4, 5, 14, 18, 39. 이처럼 바울의 계시 능력의 중요한 원천으로 활용했던 방언기도는 성도들이 영적으로 깊이 성장하는 데 필수적인 요소라고 할 수 있습니다.

Q 바울이 받은 계시의 능력과 방언기도는 어떤 관계가 있을까요? (cf. 갈 1:11-12; 고전 14:18)

2. 방언기도와 성령 하나님의 비밀계시

1) 방언기도는 하나님과 깊이 교제하며 나누는 비밀한 언어

고린도전서 14장 2절에서는 방언기도를 사람에게 하는 언어가 아니라 영의 언어로 하나님께 직접 영으로 비밀을 말하는 언어라고 설명합니다. 방언기도를 통해 성도들은 영으로 하나님과 직접 소통하며, 인간의 이성으로는 이해할 수 없는 차원의 기도를 드리게 됩니다. 방언기도는 젊은이들끼리 소통하는 단어를 어르신들이 이해하지 못하듯 성도들과 하나님 사이에만 소통하는 영적 언어입니다. 그렇기에 방언기도는 성도들의 영적 성장과 성령의 인도를 받게 하는 중요한 도구가 됩니다.

2) 방언기도의 비밀을 사탄은 알아들을 수 없다

구약시대 성막의 지성소는 오직 대제사장만이 1년에 한 번 들어갈 수 있는 곳이었으며, 하나님의 임재가 머무는 곳이었습니다레 16장. 사탄은 이 거룩한 장소에 접근할 수 없었고, 하나님의 영역 안에서 활동할 수 없었습니다. 방언기도를 드리는 순간 성도의 영은 마치 지성소에 들어가는 것과 같으며, 이는 마귀가 침범할 수 없는 하나님과의 깊은 교제의 영역이 됩니다. 그러므로 사탄의 간섭을 받을 수 없습니다.

또한 성도는 예수 그리스도를 믿고 거듭나면 그의 영은 새롭게 창조됩니다고후 5:17. 이 새로운 피조물은 하나님과의 직접적인 교제가 가능하며, 그 영적 교제의 한 형태로 방언기도가 작용합니다. 따라서 방언기도는 인간의 지성을 초월하여 성령의 인도하심을 받는 신령한 언어이므로 사탄이 그 내용을 이해할 수 없습니다.

3) 방언기도는 영적 방화벽이 된다

방언기도가 성도의 연약함을 돕고, 성도의 뜻이 아닌 성령님이 하나님께 직접 중보하시도록 하는 기도임을 강조합니다롬 8:26. 그렇기에 성도는 방언기도를 통해 성령의 강력한 보호를 받으며 사탄이 공격 할 수 없는 방화벽 안에 거하게 됩니다. 또한 예수님은 지금도 하나님 우편에서 성도들을 위해 중보하시며, 방언기도는 이 중보기도의 성취를 이루는 중요한 도구가 됩니다히 7:25. 그렇기에 성도가 방언기도 할 때, 예수님의 중보기도와 하나가 되어 강한 영적 보호를 경험하게 되고 평안을 얻는 체험을 하게 됩니다.

Q 방언기도가 사탄이 이해하거나 간섭할 수 없는 영적 보호막(방화벽)역할을 하는 이유는 무엇입니까? (cf. 롬 8:26; 고후 5:17; 히 7:25)

3. 방언기도와 성령 하나님의 계시

1) 계시는 기름부음을 통해 임하고, 방언이 이를 활성화한다

요한일서 2장 27절에서 이는 성령의 기름부음이 성도가 하나님의 진리를 깨닫고 인도함을 받을 수 있도록 도와준다고 말씀합니다. 방언기도는 성령 안에서 하나님과의 깊은 교제를 이루는 수단이며, 기름부음을 더욱 강력하게 경험하도록 하는 역할을 합니다.

사도행전 2장에서 성령이 강하게 임할 때 방언이 터져 나왔습니다. 이처럼 방언기도를 지속하면 성령의 임재가 더욱 강하게 나타납니다. 그리고 이는 하나님의 기름부음을 활성화시켜 성도가 하나님의 계시를 더욱 분명히 깨닫게 합니다.

2) 방언기도를 통해 계시의 지식을 증가하라

하나님의 말씀은 성경에 기록된 로고스Logos와 성령의 조명으로 깨닫게 되는 레마Rhema로 나뉩니다. 성도가 방언기도를 하면 성령님이 말씀을 조명해 주시므로, 이전에는 표면적으로만 이해했던 말씀을 더욱 깊이 깨닫고 영적 지혜를 얻게 됩니다. 인간의 지성만으로는 하나님의 뜻을 온전히 이해할 수 없지만, 성령의 계시하심으로 깊은 영적 진리를 깨달을 수 있음을 의미합니다고전 2:10. 이처럼 방언기도는 하나님의 계시를 깊이 깨닫게 하며, 성령의 인도하심을 통해 영적 감각을 활성화하여 성도의 신앙을 더욱 성숙하게 만듭니다. 따라서 성도는 방언기도를 통해 하나님의 계시의 지식을 더욱 풍성하게 쌓아가야 합니다.

3) 항상 방언으로 기도하라

성도는 방언기도를 통해 성령의 인도하심을 깊이 경험하고, 지식의 말씀과 지혜의 말씀과 같은 은사를 활성화할 수 있습니다. 따라서 방언기도는 신앙을 더욱 성숙하게 하며, 하나님의 뜻을 분별하는 능력을 키우는 중요한 영적 훈련입니다. 마헤쉬 차브다Mahesh Chavda 목사는 한 레스토랑에서 방언기도를 하던 중 성령의 특별한 인도를 받아, 처음 만난 사람에게 하나님의 메시지를 전했고, 이를 통해 놀라운 영적 변화를 경험한 사례가 있습니다. 이처럼 방언기도는 성령의 은사가 더욱 강하게 나타나는 통로가 될 수 있습니다. 그러므로 성도는 방언기도를 생활 속에서 꾸준히 실천하여, 성령의 은사가 더욱 활발히 나타나도록 해야 합니다.

Q 방언기도를 지속하면 하나님의 말씀(계시)이 더욱 깊이 깨달아지는 이유가 무엇인가요? (cf. 고전 2:10, 12:7-10, 14:5)

TONGUES
PRAYER SCHOOL

적용을 위한 다짐과 실천

① 지난 한 주간 동안 방언기도 중에 나에게 베푸신 하나님의 은혜에 대하여 나누어 봅시다.

② 지금까지 '방언기도와 하나님의 비밀계시'에 대해 공부했습니다. 오늘 공부에서 느끼고 깨달은 바를 함께 나누어 봅시다 sharing time.

③ 방언기도가 하나님의 비밀계시을 깨닫는데 어떤 역할을 합니까?

④ 하나님의 비밀계시을 깨닫기 위해 우리는 어떻게 해야 합니까?

⑤ 방언기도를 통해 하나님의 비밀계시을 깨닫고 계시를 더욱 풍성히 경험한 적이 있는지 함께 나누어 봅시다.

오늘의 과제 앞으로 하나님의 계시를 더 분명하게 받기 위해 방언기도를 어떻게 실천할 것인지에 자신의 계획을 글로 적어 봅시다.

암송 구절

"방언을 말하는 자는 사람에게 하지 아니하고 하나님께 하나니 이는 알아 듣는 자가 없고 영으로 비밀을 말함이라"

고린도전서 14:2

"For anyone who speaks in a tongue does not speak to people but to God. Indeed, no one understands them; they utters mysteries by his Spirit."

1 Corinthians 14:2

방언기도 선포문

나는 날마다 방언기도를 통해 하나님의 음성을 들어
하나님의 뜻을 이루는 삶을 살겠습니다!

묵상 명언

방언은 성령님이 우리를 통해 말하는 초자연적인 언어이다.
이는 우리를 하나님과 더 깊이 연결한다.

빌 존슨 Bill Johnson

Tongues Pr

07

방언과 성화

ayer School

07 방언과 성화

캐서린 쿨만Kathryn Kuhlman은 20세기 가장 영향력 있는 기독교 치유 사역자였으나, 처음부터 성령의 능력을 깊이 체험한 것은 아니었습니다. 그녀는 자신의 방법대로 사역을 하려 했지만 점차 한계를 느끼게 되었습니다. 그때 하나님께서는 그녀를 성령의 깊은 역사 속으로 인도하셨습니다.

그 후 그녀는 방언기도를 통해 하나님과 더욱 친밀한 교제를 나누었으며, 자신의 뜻을 내려놓고 성령의 인도하심을 따르는 법을 배우게 되었습니다. 그녀는 "방언기도가 인간적인 생각을 사라지게 하고 하나님께 집중하도록 돕는다"고 간증했습니다.

방언기도를 지속하면서 그녀는 성령의 음성을 더욱 분명히 듣게 되었고, 집회에서 강력한 성령의 임재가 나타났습니다. 많은 이가 설교를 듣는 중에 치유를 경험했고, 죄를 회개하며 하나님께 돌아왔습니다. 그녀는 자신에게 아무 능력이 없으며, 모든 기적은 성령님이 하시는 일이라고 고백했습니다.

방언기도는 그녀의 신앙을 변화시키는 중요한 과정이었으며, 이를 통해 하나님께 온전히 의지하는 법을 배웠습니다. 그녀가 인도하는 집회에서는 성령의 능력이 강하게 나타났고, 수많은 사람이 변화되었습니다. 그녀는 방언기도가 성도의 영적 성장을 돕고, 하나님의 뜻을 분별하는 중요한 과정임을 강조했습니다. 이를 통해 그녀는 성령의 능력을 체험하며 더욱 담대하게 복음을 전할 수 있었습니다.

묵상 방언기도와 성화의 관계는 무엇인지 생각을 나누어 봅시다.

방언기도지수
체크 리스트

Tongues Prayer Quotient Check List

당신의 방언기도지수TPQ는?

아래의 문항을 읽고 나에게 해당하는 것을 체크해 보세요. ☑

① 방언기도로 성령과 깊은 교제를 나누고 있는가?

② 방언기도가 성령께서 육과 혼과 영을 정화시키는 도구임을 인식하고 있는가?

③ 방언기도를 통해 성령께서 죄를 깨닫게 하시고 이를 회개한 경험이 있는가?

④ 마귀가 방언기도를 훼방하는 상황에서도 방언기도를 지속하며 영적인 힘을 얻고 있는가?

⑤ 방언기도를 통해 내 삶에 성령의 열매갈 5:22-23가 나타나고 있는가?

나에게 해당하는 문항은 몇 개인가요? ______ 개

체크하지 못한 문항의 내용을 다시 점검하고,
앞으로 이를 적용할 수 있는 방법을 생각해 봅시다.

성경과의 만남

갈라디아서 5장 16절에서 25절까지 읽어보십시오.

16 내가 이르노니 너희는 성령을 따라 행하라 그리하면 육체의 욕심을 이루지 아니하리
라 17 육체의 소욕은 성령을 거스르고 성령은 육체를 거스르나니 이 둘이 서로 대적함으
로 너희가 원하는 것을 하지 못하게 하려 함이니라 18 너희가 만일 성령의 인도하시는 바
가 되면 율법 아래에 있지 아니하리라 19 육체의 일은 분명하니 곧 음행과 더러운 것과
호색과 20 우상 숭배와 주술과 원수 맺는 것과 분쟁과 시기와 분냄과 당 짓는 것과 분열
함과 이단과 21 투기와 술 취함과 방탕함과 또 그와 같은 것들이라 전에 너희에게 경계한
것 같이 경계하노니 이런 일을 하는 자들은 하나님의 나라를 유업으로 받지 못할 것이요
22 오직 성령의 열매는 사랑과 희락과 화평과 오래 참음과 자비와 양선과 충성과 23 온유
와 절제니 이같은 것을 금지할 법이 없느니라 24 그리스도 예수의 사람들은 육체와 함께
그 정욕과 탐심을 십자가에 못 박았느니라 25 만일 우리가 성령으로 살면 또한 성령으로
행할지니

1. 성화란 무엇을 의미할까요? 16절, 22-23절

2. 성화의 과정에서 성령을 따르는 것이 왜 중요합니까? 16절

3. 성화 과정에서 가장 방해가 되는 행위들은 무엇입니까? 19-21절

4. 육체의 욕심과 성령의 인도를 따르는 삶의 결과는 어떻게 다른가요? 21절

5. 성화된 삶을 살기 위해 어떤 태도가 필요합니까? 25절

방언과 성화

성화聖化, sanctification는 헬라어 '하기아조αγιαζω', '하기아스αγιας'로, '거룩하게 하다', '구별하다'는 뜻을 가집니다. 이는 성도가 죄에서 떠나 하나님과 새로운 관계를 맺으며, 하나님의 형상을 닮아가는 점진적인 영적 변화 과정입니다. 성화의 목적은 성령의 인도하심으로 성도의 전인격이 변화하는 것이며, 이는 일회성이 아닌 평생 지속되는 과정입니다.

1. 성화의 단계

1) 즉각적 성화 Positional Sanctification

즉각적 성화는 성도가 예수 그리스도를 믿는 순간 발생하는 변화로, 하나님 앞에서 의롭다 여겨지고 성도로 구별되는 과정입니다. 이로써 성도는 새로운 피조물이 되고, 하나님의 자녀가 되는 특권을 얻게 됩니다. 그러나 이는 성도의 신분과 관계를 변화시키는 것으로, 삶 속에서 지속적인 성숙이 필요합니다.

2) 점진적 성화 Progressive Sanctification

점진적 성화는 성도의 삶 속에서 지속적으로 이루어지는 변화 과정으로, 성령의 인도하심에 따라 신앙과 행위가 점점 거룩해지는 과정입니다. 말씀 묵상, 기도, 신앙 훈련을 통해 성령의 열매갈 5:22-23가 삶에 나타나며, 성도는 점차 영적으로 성숙해집니다. 이 과정에서 죄와 육적인 습관을 벗어나고, 내면과 감정이 변화되며, 올바른 믿음이 확립됩니다. 성도는 시험과 유혹을 경험하지만, 성령의 도우심으로 극복하며 하나님과 더욱 깊은 관계를 형성합니다.

3) 최종적 성화 Glorification

최종적 성화는 성도가 이 세상을 떠나 하나님 앞에서 완전한 거룩함에 도달하는 상태입니다. 부활과 함께 성도는 새로운 몸을 입고, 죄와 연약함에서 완전히 해방됩니다. 이는 예수 그리스도의 재림과 함께 이루어지며, 성도는 하나님의 형상을 온전히 닮아 영원한 교제를 누리게 됩니다.

Q 최종적 성화를 향해 나아가는 과정에서 나는 어떻게 하나님과 더욱 친밀한 관계를 맺으며 살아갈 수 있을까요? (cf. 요 15:5)

2. 성령을 통한 성화

1) 성령님이 이루시는 성화

성령님은 성도를 거룩하게 하시는 하나님의 거룩한 영이며, 성화를 이루는 과정에서 방언기도를 강력한 도구로 사용하십니다. 인간의 노력만으로는 성화를 이룰 수 없기에, 성도는 반드시 성령의 능력을 의지하여 육신의 욕망을 이기고 거룩한 삶을 살아야 합니다.

2) 성경이 가르치는 성령을 통한 거룩한 삶

로마서 8장 13절은 “너희가 육신대로 살면 반드시 죽을 것이로되 영으로써 몸의 행실을 죽이면 살리니”라고 말씀하며, 성령을 통해 거룩한 삶을 살아야 함을 강조합니다. 또한, 로마서 8장 26절은 “성령도 우리의 연약함을 도우시나니 … 우리를 위하여 친히 간구하시느니라”고 말씀하며, 성화를 위해 성령의 도우심으로 기도해야 함을 가르칩니다.

3) 성령의 능력으로 성화

성화는 인간의 힘만으로 이루어지는 것이 아니라, 오직 성령의 능력을 통해 가능합니다. 성도는 성화를 이루기 위해 성령님을 의지하며 방언기도를 지속해야 합니다. 방언기도는 성령님과의 친밀한 교제를 돕고, 영적으로 성장하며 거룩한 삶을 살아가도록 이끄는 중요한 도구입니다. 이를 통해 성도는 육적인 연약함을 극복하고, 영적 교제를 더욱 깊이 할 수 있습니다.

Q 성령의 인도하심을 받을 때, 나의 삶에서 나타나는 가장 분명한 변화는 무엇일까요? (cf. 요 16:13; 롬 12:2)

3. 성화의 3가지 수준

1) 육체적인 성화

로마서 8장 13절에 보면 인간은 육적인 본성이 죄의 영향을 받으며, 스스로는 이를 극복할 수 없음을 강조합니다. "영으로써 몸의 행실을 죽이면 살리니"롬 8:13라는 말씀은 성령의 도우심이 없이는 육체의 욕망과 죄된 습관에서 벗어날 수 없음을 가르칩니다. 술, 담배, 중독 등에서 벗어나기 위해 성도는 성령의 능력을 의지하며 방언기도로 거룩한 삶을 이루어야 합니다.

2) 혼적인 성화

시기, 미움, 불안, 분노 등의 감정은 성도의 영적 성장과 하나님과의 관계를 방해합니다. 성경은 "육신의 생각은 사망이요 영의 생각은 생명과 평안이니라"롬 8:6 말씀하며, 성도의 내면이 성령님에 의해 새롭게 되어야 함을 강조합니다. 방언기도는 성도가 감정을 성령님께 맡기고 내면의 정화를 경험하도록 돕습니다. "성령도 우리의 연약함을 도우시나니"롬 8:26라는 말씀처럼, 방언기도를 통해 부정적인 감정에서 벗어나 평안과 거룩한 삶을 누릴 수 있습니다.

3) 영적인 성화

영적인 성화는 잘못된 교리, 율법주의, 성령의 은사 부인 등에서 벗어나 참된 믿음을 갖는 과정입니다. 바울은 "방언을 말하는 자는 사람에게 하지 아니하고 하나님께 하나니 이는 알아 듣는 자가 없고 영으로 비밀을 말함이라"고전 14:2고 말하며, 방언기도가 성도의 영을 하나님과 연결하는 수단임을 강조합니다. 방언기도를 지속하면 성령님이 성도에게 영적 진리를 깨닫게 하시며, 성도는 더욱 깊은 믿음과 거룩한 삶을 이루게 됩니다.

Q 성령님이 내 삶을 거룩하게 변화시키는 것에 가장 큰 장애물이 되는 것은 무엇인가요? (cf. 갈 5:17)

4. 방언기도를 통한 성화

1) 마귀의 방해를 이기라

마귀는 성도가 방언기도를 지속하면 자신의 영향력이 약해지고, 성도가 더욱 거룩해지는 것을 알기 때문에 끊임없이 이를 방해합니다. 두려움을 주거나 기도의 효과를 의심하게 만들며, 성도가 방언기도를 멈추도록 유혹합니다. 그러나 성도는 이에 속지 말고, 마귀를 대적하며 더욱 강력하게 방언으로 기도해야 합니다. 성경은 성도가 성령의 능력으로 마귀의 방해를 물리칠 것을 강조합니다약 4:7. 그렇기에 성도는 방언기도를 통해 성령의 인도하심을 받아 영적으로 더욱 강건해지고, 마귀의 공격을 이겨내며, 하나님의 뜻에 합당한 거룩한 삶을 살아가야 합니다.

2) 깨어 기도하라

성경은 성도가 영적 전쟁에서 승리하기 위해 끊임없이 깨어 기도할 것을 강조합니다엡 6:18. 방언기도는 성도가 자신의 한계를 넘어 성령의 능력 안에서 기도할 수 있도록 돕는 강력한 영적 도구입니다. 이를 통해 성도는 하나님의 뜻에 더욱 가까이 나아가고, 마귀의 공격에 대비하며, 영적 전쟁에서 승리하는 힘을 얻게 됩니다. 그러므로 성도는 방언기도를 통해 영적으로 깨어 있어야 하며, 성령의 능력으로 거룩한 삶을 이루어가야 합니다.

3) 방언기도를 멈추지 마라

성도가 방언기도를 지속할 때, 성령님이 보호하시고 마귀의 공격을 무력화하십니다. 성경은 "쉬지 말고 기도하라"살전 5:17고 말씀합니다. 이는 성도가 지속적인 기도로 성령의 보호와 인도하심을 받아야 함을 강조합니다. 그러므로 성도는 방언기도를 통해 성령의 능력 안에서 마귀를 대적하고 영적 전쟁에서 승리할 뿐만 아니라, 점진적으로 성화를 이루어 가야 합니다.

Q 방언기도를 할 때 마귀의 방해를 경험한 적이 있다면 이를 어떻게 극복했습니까? (cf. 약 4:7)

TONGUES PRAYER SCHOOL

적용을 위한 다짐과 실천

① 지난 한 주간 동안 방언기도 중에 나에게 베푸신 하나님의 은혜에 대하여 나누어 봅시다.

② 지금까지 '방언과 성화'에 대해 공부했습니다. 오늘 공부에서 느끼고 깨달은 바를 함께 나누어 봅시다 sharing time.

③ 성화는 성도의 영적 성장에서 어떤 의미를 가지는 것일까요? 레 20:7; 고후 7:1

④ 내 삶에서 아직 극복하지 못한 육적인 습관술, 담배, 중독 등이나 혼적인 연약함 시기, 미움, 자만 등, 영적인 더러움잘못된 율법주의나 믿음 체계, 교리 등은 무엇이며, 이를 극복하기 위해 어떤 노력이 필요한지 나누어 봅시다.

⑤ 방언기도를 지속할 때와 지속하지 못했을 때 나의 영적 상태는 어떻게 달랐는지 생각해 봅시다.

오늘의 과제 성화는 일회성이 아니라 평생 지속되는 과정입니다. 나는 매일 성화를 이루기 위해 구체적으로 어떤 노력을 하고 있는지 글로 적어 봅시다.

암송 구절

"내가 이르노니 너희는 성령을 따라 행하라
그리하면 육체의 욕심을 이루지 아니하리라"
갈라디아서 5:16

"So I say, walk by the Spirit,
and you will not gratify the desires of the flesh."
Galatians 5:16

방언기도 선포문

나는 날마다 방언기도를 통해
하나님의 거룩함을 닮아가는 자가 되겠습니다!

묵상 명언

나는 하루에 몇 시간씩 방언으로 기도한다.
그럴 때마다 내 영이 새롭게 되고,
성령님이 내 안에 강하게 역사하신다.
스미스 위글스워스 Smith Wigglesworth

Tongues Pr

08

방언과 치유와 사랑

ayer School

08 방언과 치유와 사랑

1950년대와 1960년대, 데이비드 윌커슨David Wilkerson 목사는 뉴욕에서 갱단과 마약 중독자들에게 복음을 전했습니다. 당시 가장 악명 높던 마우마우 갱단의 리더 니키 크루즈Nicky Cruz는 폭력과 증오에 사로잡혀 있었습니다. 윌커슨 목사는 하나님의 사랑을 전했지만, 니키는 그를 조롱하고 위협했습니다.

그러나 윌커슨 목사는 포기하지 않고 방언으로 간절히 기도했습니다. 결국 니키 크루즈는 전도 집회에 참석했고, 성령의 역사 속에서 자신의 상처와 분노를 내려놓고 회개했습니다. 그는 방언기도를 들을 때마다 마음이 부드러워지고 설명할 수 없는 평안을 경험했다고 간증했습니다. 그 날 이후 니키 크루즈는 완전히 변화되어 폭력과 증오를 버리고 예수 그리스도를 전하는 전도자가 되었습니다.

윌커슨 목사는 자신의 힘만으로는 그를 변화시킬 수 없었지만, 방언기도를 통해 성령의 역사가 일어났다고 고백했습니다. 니키 크루즈 역시 방언기도를 통해 하나님의 사랑과 평안을 체험하며 그의 삶이 변화되었다고 간증했습니다. 그의 변화는 단순한 감정적 결단이 아니라, 성령의 역사 속에서 이루어진 참된 회개와 거듭남이었습니다.

방언기도는 성도가 자신의 연약함을 내려놓고 하나님의 뜻을 깨닫게 하며, 성령의 인도하심을 받게 합니다. 이처럼 방언기도는 성도의 변화와 회복을 돕는 강력한 영적 도구입니다.

묵상 한 영혼을 위해 방언으로 기도했을 때, 하나님께서 어떻게 역사하셨는지 각자의 믿음의 경험을 나누어 봅시다.

방언기도지수
체크 리스트

Tongues Prayer Quotient Check List

당신의 방언기도지수TPQ는?

아래의 문항을 읽고 나에게 해당하는 것을 체크해 보세요. ☑

① 방언기도를 통해 영혼이 참된 안식을 얻을 수 있다고 믿는다.	☐
② 방언기도가 내면의 상처를 해결할 수 있다고 믿는다.	☐
③ 방언기도가 정신적, 신체적 건강에도 긍정적인 영향을 줄 수 있다고 믿는다.	☐
④ 고린도전서 13장에서 바울이 언급한 영적 성숙의 5단계를 알고 있다.	☐
⑤ 방언기도와 성령 은사의 종착점이 사랑아가페, agape임을 알고 있다.	☐

나에게 해당하는 문항은 몇 개인가요? _____ 개

체크하지 못한 문항의 내용을 다시 점검하고,
앞으로 이를 적용할 수 있는 방법을 생각해 봅시다.

성경과의 만남

고린도전서 13장 1절에서 3절까지 읽어보십시오.

1 내가 사람의 방언과 천사의 말을 할지라도 사랑이 없으면 소리 나는 구리와 울리는 꽹
과리가 되고 2 내가 예언하는 능력이 있어 모든 비밀과 모든 지식을 알고 또 산을 옮길
만한 모든 믿음이 있을지라도 사랑이 없으면 내가 아무 것도 아니요 3 내가 내게 있는 모
든 것으로 구제하고 또 내 몸을 불사르게 내줄지라도 사랑이 없으면 내게 아무 유익이
없느니라

1. 방언과 사랑의 관계를 어떻게 이해해야 합니까? 1절

2. 방언과 예언, 믿음, 구제, 희생보다 더 중요한 것은 무엇입니까? 2절

3. 방언 같은 영적 은사가 많아도 사랑이 없으면 신앙생활에서 어떤 영향을 미칠까요? 3절

4. 사랑이 없는 신앙이 '울리는 꽹과리'로 비유된 이유는 무엇입니까? 1절

5. 우리의 신앙생활에서 방언, 예언, 믿음이 어떤 역할을 해야 합니까? 3절

방언과 치유와 사랑

방언은 하나님께서 주신 은사로, 성도가 영적 안식과 치유를 경험하며 신앙적으로 성장하도록 돕습니다. 그러나 방언의 궁극적인 목적은 단순한 은사 체험이 아니라, 하나님의 사랑을 실천하는 것입니다. 바울이 "내가 너희 모든 사람보다 방언을 더 말하므로 하나님께 감사하노라"고 고백한 것처럼고전 14:18, 방언은 하나님과의 친밀한 교제를 돕고, 성령 안에서 거룩한 삶을 살아가도록 인도합니다. 그렇기에 성도는 방언을 통해 하나님을 더욱 사랑하며, 이웃에게 사랑을 실천하는 성숙한 신앙인이 되어야 합니다.

1. 방언과 성령의 참된 안식

1) 방언은 하나님께서 주신 영적 안식의 도구이다

방언은 단순한 신비로운 언어가 아니라, 하나님께서 성도에게 주시는 영적 안식을 위한 도구입니다. 성경은 "이것이 너희 안식이요 이것이 너희 상쾌함이니"라고 말씀하며사 28:12, 방언기도가 성도가 하나님의 평안을 체험하게 하는 은혜의 선물임을 보여줍니다.

2) 방언은 내면의 쉼과 평안을 준다

세상의 스트레스와 피로 속에서 참된 쉼과 평안은 하나님께로부터 옵니다. 예수님은 "수고하고 무거운 짐 진 자들아 다 내게로 오라 내가 너희를

쉬게 하리라"고 말씀하셨습니다마 11:28. 방언기도를 통해 성령의 역사하심 속에서 깊은 영혼의 쉼과 평안을 경험할 수 있습니다.

3) 방언은 하나님과 친밀한 교제로 인도한다.

방언은 하나님과의 영적 대화로, 성령님이 직접 중보하시며 성도가 하나님과 더욱 친밀하게 교제하도록 돕습니다. 방언으로 기도할 때 성도의 영이 하나님과 연결되며, 그분의 임재 속에서 깊은 교제를 경험하게 됩니다. 성도는 방언기도를 지속함으로써 성령의 도우심을 받고 신앙이 성장하며, 내면의 변화를 이루어 갑니다.

Q 방언기도를 통해 하나님께 받은 참된 안식을 경험한 적이 있었는지 나누어 봅시다.

2. 방언과 치유

1) 방언은 내면의 상처를 치유한다

인간은 살아가며 다양한 아픔과 상처를 경험합니다. 그로 인해 무의식 속에 남아 있는 감정들이 우리의 삶에 지속적으로 영향을 미칩니다. 방언기도는 이처럼 깊은 내면에 자리한 상처를 성령의 생수로 정화하며, 마음의 다락방을 치유하는 역할을 합니다. 단순한 언어적 표현을 넘어, 방언기도는 성도의 깊은 내면을 만지시는 성령님의 도구가 됩니다.

2) 방언은 정신적, 신체적 치유를 가져온다

방언기도는 영적 치유에 그치지 않고 정신적, 신체적 건강에도 긍정적인 영향을 미칩니다. 지적설계연구회 심포지움에서 이상일 교수지적설계연구회 회장는 "기독교 방언의 경우 유익한 심리치료 효과가 나타났다"고 보고했습니다. 또한 "영국 복음주의 목회자 1천 명을 대상으로 한 조사 결과, 약 80%는 방언이 심리적 안정감을 높이고 신경증세를 완화하는 데 효과적이었다"고 전했습니다. 모든 피실험자가 방언을 통해 심리적 유익을 경험했다는 점도 강조되었습니다.

뿐만 아니라, 방언으로 기도할 때 뇌의 특정 부위가 활성화되고 스트레스 호르몬이 감소한다는 과학적 연구 결과도 보고되었습니다. 이러한 결과는 방언기도가 단순한 영적 체험을 넘어 신자의 정신적, 신체적 치유를 이끄는 강력한 도구임을 보여줍니다.

3) 방언은 관계의 회복을 돕는다

방언기도는 성도의 내면을 변화시키며, 스트레스와 불안을 해소하는 데 도움을 줍니다. 이는 대인관계에도 긍정적인 영향을 미칩니다.

에베소서 4장 32절은 "서로 친절하게 하며 불쌍히 여기며 서로 용서하기를 하나님이 그리스도 안에서 너희를 용서하심과 같이 하라"고 말씀합니다. 이 말씀은 내적 치유가 관계 회복으로 이어짐을 보여줍니다. 방언기도를 통해 성령의 인도하심을 받을 때, 성도는 온유하고 겸손한 마음으로 타인을 대할 수 있습니다. 그 결과 건강하고 회복된 관계를 맺게 됩니다.

Q 방언기도는 스트레스와 불안을 줄이는 데 도움이 된다는 성경적 근거는 무엇입니까? (cf. 빌 4:6-7)

3. 방언과 사랑아가페

1) 방언의 최종 목적지는 사랑이다

방언은 언젠가 그치게 되는 언어입니다. 고린도전서 13장 8절에 보면 "사랑은 언제까지나 떨어지지 아니하되 예언도 폐하고 방언도 그치고 지식도 폐하리라"고 말씀합니다. 이 땅에 있는 동안에만 하나님께서 성도에게 선물로 주신 기도의 언어입니다. 예수님의 재림 후 천국에서는 방언도, 예언도 필요 없게 되며, 오직 영원히 남는 것은 사랑뿐입니다고전 13:13. 방언의 궁극적인 목적은 성도가 하나님과 더욱 친밀한 교제를 나누고, 그 사랑을 통해 이웃을 더욱 사랑하는 삶으로 나아가게 하는 것입니다. 이는 신앙의 모든 은사와 행위가 결국 사랑으로 귀결되어야 함을 의미합니다. 그러므로 성도는 방언이 사랑의 삶으로 인도하는 하나님의 은사임을 기억하고, 방언기도를 지속함으로 하나님과 가까워질 뿐만 아니라, 이웃에게 사랑을 실천하는 삶을 살아야 합니다.

2) 영적 성숙의 5단계를 기억하라

바울은 고린도전서 13장 1절에서 2절 말씀을 통해 영적 성숙의 5단계를 언급합니다.

(1) 성령세례침례와 방언

영적 성숙의 첫 번째 단계는 성령세례침례와 방언의 은사를 받는 과정입니다. 성령님이 성도에게 임하실 때, 방언을 통해 하나님과 직접 소통하는 기도의 능력이 주어집니다행 2:4. 방언은 성도의 영을 새롭게 하고, 성령님과 더욱 친밀한 교제를 나누도록 돕는 중요한 은사입니다.

(2) 예언의 은사

영적 성숙의 두 번째 단계는 예언의 은사를 통해 하나님의 뜻을 전달하는 과정입니다. 예언은 하나님의 뜻을 깨닫고 전달하는 능력으로, 공동체를 세우는 중요한 은사입니다고전 14:26. 이는 예언이 성령의 은사 중에서도 특별한 역할을 하며 성도들에게 영적인 성숙과 공동체의 유익을 위한 중요한 은사임을 강조합니다. 예언의 은사를 통해 성도는 영적 분별력을 갖추고, 교회와 공동체를 세우는 데 중요한 역할을 감당할 수 있습니다.

(3) 하나님의 비밀과 지식의 축적

영적 성숙의 세 번째 단계는 하나님의 비밀과 지식을 더욱 깊이 깨달아가는 과정입니다. 성도는 이 단계에서 치유, 사랑, 중보기도, 의, 기도의 비밀 등 신앙의 핵심 원리를 배우며, 이를 통해 신앙의 기초를 더욱 단단히 세우게 됩니다. 골로새서 1장 9절에서 10절에 보면 성도가 지속적으로 하나님의 뜻을 깨닫고, 신앙 안에서 성장해야 함을 강조합니다.

(4) 산을 옮기는 믿음

영적 성숙의 네 번째 단계는 강력한 믿음을 소유하는 것입니다. 레마의 말씀과 성령의 기도가 결합될 때, 성도는 불가능해 보이는 일도 이루어지는 하나님의 능력을 실제로 경험하게 됩니다. 예수님께서는 "만일 너희에게 믿음이 겨자씨 한 알 만큼만 있어도 이 산을 명하여 여기서 저기로 옮겨지라 하면 옮겨질 것이요 또 너희가 못할 것이 없으리라"고 말씀하셨습니다마 17:20. 이는 성도가 하나님을 온전히 신뢰하고 믿음으로 나아갈 때, 놀라운 기적과 변화를 경험할 수 있음을 의미합니다.

(5) 아가페 사랑

영적 성숙의 마지막 단계는 아가페 사랑을 실천하는 것입니다. 성경은 모든 은사가 결국 사랑으로 완성되어야 함을 강조합니다. 성도가 방언을 하고, 예언을 하며, 믿음이 강해지더라도, 사랑이 없다면 모든 것이 헛된 것이 됩니다고전 13:2. 이는 신앙의 모든 행위와 은사가 궁극적으로 사랑을 위한 것이어야 함을 의미합니다. 예수님께서도 아가페 사랑이 신앙의 핵심임을 강조하셨습니다요 13:34. 결국 방언을 포함한 모든 성령의 은사는 사랑으로 귀결되어야 하며, 성도는 이를 통해 더욱 주님을 닮아가는 삶을 살아가야 합니다. 아가페 사랑만이 영원히 남으며 이것이야말로 영적 성숙의 최종 목적지종착점입니다.

Q 방언이 궁극적으로 사랑(아가페)으로 귀결되어야 하는 이유는 무엇입니까? (cf. 고전 13:1-2, 13:13)

TONGUES
PRAYER SCHOOL

적용을 위한 다짐과 실천

① 지난 한 주간 동안 방언기도 중에 나에게 베푸신 하나님의 은혜에 대하여 나누어 봅시다.

② 지금까지 '방언과 치유와 사랑'에 대해 공부했습니다. 오늘 공부에서 느끼고 깨달은 바를 함께 나누어 봅시다 sharing time.

③ 방언기도를 통해 내면의 상처나 신체적, 정신적으로 치유된 경험을 한 적이 있습니까? cf. 롬 8:26

④ 바울이 언급한 영적 성숙의 5단계는 무엇입니까? cf. 행 2:4; 고전 14:26; 골 1:9-10; 마 17:20; 고전 13:2

⑤ 방언이 영적 성숙을 이루기 위해 필요한 이유는 무엇입니까?

오늘의 과제 방언기도 후 자신의 삶에 하나님의 사랑의 열매를 맺기 위해 실천할 수 있는 구체적인 방법들을 적어 봅시다.

암송 구절

"사랑은 언제까지나 떨어지지 아니하되
예언도 폐하고 방언도 그치고 지식도 폐하리라"

고린도전서 13:8

"Love never fails. But where there are prophecies,
they will cease; where there are tongues, they will be stilled;
where there is knowledge, it will pass away."

1 Corinthians 13:8

방언기도 선포문

나는 방언기도를 통해 영적 성숙을 이루어가며,
삶 속에서 하나님의 사랑을 실천하겠습니다!

묵상 명언

성령의 은사는 하나님께서 우리에게 주시는 선물이지만,
그 은사를 사랑으로 사용하지 않으면 아무 의미가 없다.

A.W. 토저 A.W. Tozer

방언 기도학교

초판 1쇄 발행 | 2025년 7월 1일

지 은 이 | 이영훈
편 집 인 | 김영석
펴 낸 곳 | 세계교회성장연구원

등록번호 | 제 12-177호
주　　소 | 서울시 영등포구 은행로 59, 4층
전　　화 | 02-2036-7936
팩　　스 | 02-2036-7910
쇼 핑 몰 | www.pastor21.net

I S B N | 978-89-8304-369-6 03230

"무슨 일을 하든지 마음을 다하여 주께 하듯 하라" _골로새서 3:23

세계교회성장연구원(CGW, Church Growth Worldwide)은 한국과 세계의 모든 교회가 건강하게 부흥하고 성장하여 하나님께 영광을 돌리는 것을 목표로 목회자들의 영성과 리더십 개발과 평신도들의 영적 성숙을 위한 필독서를 출간한다. 모든 사역의 시작과 끝을 기도로 임하며 하나님 중심의 경영이 되게 한다. "무슨 일을 하든지 마음을 다하여 주께 하듯 하라"는 말씀을 마음에 새겨 하나님이 주신 출판의 사명을 기쁨으로 감당하고 있다.